Anonymous

Abschied der römischen kaiserlichen Majestat und gemeiner Stände

auf dem Reichstag zu Speyer Anno Domini M.D.LXX. auffgericht

Anonymous

Abschied der römischen kaiserlichen Majestat und gemeiner Stände
auf dem Reichstag zu Speyer Anno Domini M.D.LXX. auffgericht

ISBN/EAN: 9783743621640

Hergestellt in Europa, USA, Kanada, Australien, Japan

Cover: Foto ©ninafisch / pixelio.de

Weitere Bücher finden Sie auf **www.hansebooks.com**

Abschiedt

der Römischen Kayserlichen Ma-
iestat/ vnd gemeyner Stände auff dem Reichstag
zu Speyer Anno Domini M. D. LXX.
auffgericht.

Mit Röm. Key. Mayt. gnad vnd sonderm priuilegio in zehen
jarn nicht nachzutrucken.
Gedruckt in der Churfürstlichen statt Meyntz durch Franciscum Behem/ Anno M. D. LXXI.

Abschiedt

der Römischen Kayserlichen Ma-
iestat/ vnd gemeyner Stände auff dem Reichstag
zu Speyer Anno Domini M. D. LXX.
auffgericht.

Mit Röm. Key. Mayt. gnad vnd sondern priuilegio in zehen
jarn nicht nachzutrucken.
Gedruckt in der Churfürstlichen statt Meyntz durch Franciscum Behem/ Anno M. D. LXXI.

Abschiedt

der Römischen Kayserlichen Ma-
iestat/ vnd gemeyner Stände auff dem Reichstag
zu Speyer Anno Domini M. D. LXX.
auffgericht.

Mit Röm. Key. Mayt. gnad vnd sonderm priuilegio in zehen
jarn nicht nachzutrucken.
Gedruckt in der Churfürstlichen statt Meyntz durch Franciscum Behem/ Anno M. D. LXXI.

Jr Maximilian / der ander
von Gottes Gnaden / erwölter
Römischer Keyser / zu allen zeiten
mehrer des Reichs / in Germani-
en / zu Hungern / Behaimb / Dal-
matien / Croatien vnd Sclauoni-
en / rc. König: Ertzhertzog zu O-
sterreich / hertzog zu Burgundi /
Steyer / Kärndten / Crain vnnd Württemberg / rc.
Graue zu Tyroll / rc. Thun kundt allermenniglich / vnd
sonderlich allen vnd jeden buchtruckern / wo vnd welcher
orteen die im hailigen Römischen Reich / auch vnsern erb-
lichen Königreichen / Fürstenthumben vnd landen gesess-
en seyn / daß vnsere vnd des Reichs lieben getrewe Frantz
vnd Caspar Behem / burger vnd buchtrucker zu Meintz /
vns zu vndertheinigster gehorsame sich vndernommen haben / den Abschiedt / dieses in vnser vnd des heiligen Reichs
statt Speyer jetzt gehaltenen Reichstags / auß befelch vnd
mit vorwissen deß Ehrwirdigen Danieln Ertzbischouen
zu Meintz / des heiligen Römischen Reichs durch Germanien Ertzcantzlers / vnsers lieben Neuen vnd Churfürstens in truck zubringen. Damit sie dann solcher jrer
muhe vnd arbeit halben in keinen nachtheil vnnd schaden gefürt werden / So gebieten wir demnach euch allen
vnd jeden in sonderheit hiemit bey peen vnd straff zehen
marck lötigs Goldes / vns halb in vnser vnd des Reichs
Cammer / vnd den andern halben thail gedachten Frantz
vnd Caspar Behem / vnableßlich zubezalen / Vnd wöllen
Daß jr oder einiger auß euch durch sich selbst oder sonst je-
mandes von eurentwegen den berürten abschiedt / gemel-
ten Frantz vnd Caspar Behem in zehen jharen die nechsten nach verfertigung vnd truckung desselben / volgende
nicht

nicht nachtrucket/ oder zu feylem kauff habet oder auffle-
get: hinfüro auch one unfer fonder fpecial priuilegi eynige extract, locos communes, oder ander compendien
auß den Reichsordnungen/ fatzungen vnd abfchieden nit
ziehen noch trucken laffen/ alles bey verlierung obgemel-
ter peen/ vnd deffelbigen euers trucks/ den auch genante
Krantz vnd Cafpar Behem durch fich felbft/ oder ihre be-
felchhaber von jrentwegen/ wo fie die bey euer jedem finden würden/ auß eygnem gewalt/ one verhinderung men-
niglichs zu fich neinen/ vnnd damit nach ihrem gefallen
handlen vnnd thun/ daran fie auch nicht gefreflet haben
follen/ Es foll auch ein jede obrigkeyt auff ihr anfuchen
ihnen zu hinnemung derfelben vnuerzüglich zuhelffen
fchüldig fein/ fonder alle geuerde. Das meinen wir ernft-
lich/ Mit vrkunde diß brieffs/ befiegelt mit vnferm Key-
ferlichen auffgetruckten Infiegel/ Der geben ift in vnfer
vnd des Reichs ftatt Speyer/ den fechften Nouembris/
Anno/ ꝛc. im fiebentzigiften/ vnferer Reiche des Römi-
fchen vnd Hungerifchen im achten/ vnnd des Beheymi-
fchen im zwey vnd zwentzigften.

MAXIMILIANVS.

Ad Mandatum Sacræ Cæfareæ Ma-
ieftatis proprium.

A. Erftenberger.

V. Ioan. Bap.
VVeber. D.

Jr Maximilian
der ander/von Got=
tes Genaden erwöl=
ter Römischer Kay=
ser / zu allen zeyten
mehrer deß Reichs/
in Germanien / zu
Hungern/Behaimb/
Dalmatien/ Croati=
en/vnd Sclauonien/
ꝛc. König: Ertzher=
tzog zu Osterreich/Hertzog zu Burgundi/zu Brabant/
zu Steyr/zu Kerndten/zu Krayn/zu Lützelburg/zu
Würtemberg/ obern vnd nidern Schlesien : Fürst
zu Schwaben:Marggraue des heyligen Römischen
Reichs zu Burgaw/zu Merern/obern vnnd nidern
Laußnitz/ Gefürster Graff zu Hapßspurg/zu Tyroll/
zu Pfirdt / zu Kyburg vnd Görtz/ ꝛc. Landtgraue im
Elsaß: Herr auff der Windischen Marck/zu Porte=
naw/ vnd zu Salyns/ꝛc. Bekennen vnd thun kundt
offendtlichen gegen allermenniglichen: Demnach vns
auf tragendem von Gott anbefolenem Kayserlichem
ampt obligt vnd gebürt / mit aller vätterlicher sorg=
feltigkeit des heyligen Römischen Reichs/ dessen glie=
der/Stånden vnd Vnderthanen wolfarth/ruhe vnd
auffnemen jederzeit nach müglicheit zu befürdern. Alß
haben wir vns biß daher nichts höhers angelegen las=
sen seyn/ dann wie wir das gemeyn best zum treulich=
sten fortsetzen/vnd von den Stånden allen vnzimbli=
chen gewalt abwenden möchten/ Wie wir dann die
zeit vnserer Kayserlichen Regierung gar kein mühe
noch arbeyt gespart/ so baldt wir eynige dem heyligen
Reich annahende gefahr oder vnruhe vermerckt/der=
selben durch gebürliche mittel zusteuren vnd zu weh=

A   ren/ Dar=

Abschiedt zu Speyer

ren/ Darneben solche fürfallende obligen jhe weilen zu gemeinen Reichs oder andern versamblungen gezogen/ vnd daselbsten dermassen stattlich bedencken/ vnd verabschieden helffen/ daß sich ja zu versehen/ es sollen alle widerwerdige fürnemen / vnd thatlicheit im heyligen Reich verblieben / vnd in viel jaren keiner weiterer Reichs versamblung von nöten gewesen seyn.

¶ Es haben sich aber vber alles vnser verhoffen/ etlich wenig jaren anhero/ vnd seit vnserem erst zu Augspurg gehaltenem Reichstag hin vnd wider/ in vnd ausser dem heiligen Reich/ vnd desselben angrenzenden örtern/ allerhandt vnuersehenliche/ geschwinde vnd sörgliche fäll ereugnet/ welchen auch durch vnsere eusserste bemühung nicht allerding hat mögen abgewent/ noch der massen gestewert werden/ daß nicht etliche friedliebende Stände darunter vnschüldig beschwert worden/ daher dann noch weiters schädliche nachfolg/ vnd grössere zerrüttung gemeinen guten wesens zugewarten.

¶ Wann nun vnser vnd des heyligen Reichs vnuermeidliche nottnurfft erfordert / solchen dingen zeitlich entgegen zutrachten/ vnd zu bedencken/ Welcher massen numehr im Reich / zuuorab Deutscher nation/ vnserem geliebten Vatterlandt/ die jetziger zeyt zuviel vberhandt nemende frechait des Deutschen Kriegsvolcks/ etwas eynzuziehen/ vnd so vielmüglich/ auff vnserer löblichen vorfahrn alte Deutsche/ ritter

ritterliche/dapffer vnd redlichait zurichten seyn möch=
te/Wie auch des heilsamen Landtfriedens executions
ordnung gegen denen dieser zeyt eynreissenden ge=
schwindigkeiten der Kriegßleut/mit etwas schleuni=
ger defensions verfassung/auffmanung/vnd hülfflai=
stung der Krayssen zuverbessern. Vnd ferners/wie es
ein gelegenhait hab mit vnsern Hungarischen gräni=
tzen gegen dem Türcken vnsers Christlichen namens
Erbfeindt. Was auch noch an der Gottischen execu=
tion zuuerrichten beuor/vnd dann wie die Iustitia ahn
vnserm Kayserlichen Cammergericht mit abkürtzung
deß verzeüglichen procedierens zu befürdern/neben
andern mehr nothwendigen Puncten/an dero gebür=
licher erledigung vns vnd dem heyligen Reich nichts
wenig gelegen.

¶ Alß haben wir nicht vmbgehen mögen/eine
gemeine Reichs versamblung nach vorgehabtem rath
vnd gutachten vnser vnd des heyligen Reichs Chur=
fürsten/auff den zwey vnd zwaintzigsten tag May
nechsthien/alhero in vnser vnd des Reichsstat Speyr
anßzuschreiben/vnd zu benennen/den wir auch in vn=
serer Kayserlichen person/gemeiner ruhe/frieden vnd
wolfart im heyligen Reich desto mehr zubefürdern/
besucht/Wie dann auch auff solchen Reichstag neben
vns die Churfürsten/Fürsten/vnd andern des heyli=
gen Reichs Stände/in guter anzahl aygner person/
vnd die andern durch jhr räth vnd pottschafften mit
befelch abgefertiget/gehorsamblich erschienen seindt.

A ij　　Den=

¶ Denselben wir dann obangeregte des heyligen Reichs beschwerden/zunemend vbel/ vnd andere
obligen aufführlich proponiern/ vnd jhr rathlich bedencken dardber gnediglich begeren lassen: Da dann
diese proponierte Puncten in gebürende berathschlagung genommen vnd tractiert/haben wir vns mit jhnen zuuorderst eritiert/wie es im heyligen Reich deutscher nation von alters ein löbliche gestaldt deutscher
freyheit/ vmb ehr vnd ruhm mit ritterlichen thaten
frembden Potentaten on alles belaidigen des Vatter-
landts/vnd dessen angehürigen zu dienen/ gehabt.

¶ Vnd ob wol vor etlichen jaren/da solche freyheit in etwas missbrauch zngeraten angefangen/durch
sondere publicierte Reichs vnd Deputations Abschieden hailsamblich geordnet vnd versehen/welcher maf-
sen den Obristen/Rittmeistern/Hanptleut/oder andern Befelchshabern/Kriegßleut für frembde Potentaten im heyligen Reich Deutscher nation zu werben/
verstattet werden soll/Nemblich/da sie zuuorderst jre
original glaubwürdige bestallungen den Kraysöbri-
sten/ vnd jeder Obrigkeit in jhrem gebiet fürgelet/
auch darauff gnugsame verbürgte caution, inhalt derselben Abschiedt würcksamlich erstattet/ damit jrent-
halben niemandt im heyligen Reich/ in den an/ durch/
vnd abzügen beschwert/beschädiget/ oder belaydiget
würde.

¶ So ist doch nun mehr in etlichen fürgangnen
Kriegs-

Kriegs werbungen/ an/ durch vnd abzügen/ mehr alß
gnugsamb empfunden/ daß solche löbliche Reichs Sa=
tzungen von vielen zu nicht weniger vertzingerung vn=
ser/ vnd deß heyligen Reichs authoritet/ vnd reputation
vmacht/ vnd in vil wegen eludirt/ keine habende bestal=
lungen furlegen/ noch die verbürgte versicherungen
thun wöllen/ sondern jhres gefallens/ auch je zu zeyten
vnder frembden namen Kriegsleut zu roß vnd fuß in
grosser anzal im Reich anfenglich in der geheime/ durch
sich oder andere bestellen vnd werben lassen/ darnach
mit grosser geschwindigkeit in anzug bringen/ andere
Obrigkeit vnd gebiet gewaltiglich durchziehen/ darin
auch bißweilen beharzlich still ligen / den armen leuten
das jhr auffsetzen/ darfür nichts zahlen/ ja auch verwü=
sten/ verderben vnd hinweg nemen.

¶ Dieweil dann solcher eynreissender frechhait
vnd mißbrauch Deutscher freyheit/ darauß nichts
guts/ sondern viel mehr gemein verderben/ empörung
vnd vntergang des Vatterlandts zu gewarten/ len=
ger nicht zuzusehen/ Haben wir vns mit Churfürsten/
Fürsten/ vnd gemeinen Ständen/ vnd der abwesen=
den räthen vnd gesandten/ vnd sie mit vns sich ver=
glichen/ vnd entschlossen/ Setzen/ ordnen vnd wöl=
len/ daß hinfüro ein jeder frembder Potentat/ wer der
auch sey/ so im heyligen Reich Kriegsleut werben las=
sen wölle/ zuuorderst bey vns alß Römischer Kayser/
darumb ahnsuchen solle/ mit außtrücklicher vermel=
dung/ wieuiel kriegsleut er bestellen lassen wölle/ wel=
che die Obristen/ Rittmeister vnnd Hauptleut seyn:
Darneben diese erklärung vnd zusag thun/ daß solch
A iij   Kriegs=

Kriegsvolck wider vns des heyligen Reichs Chur=
fürsten/ Fürsten/ Stände vnd vnderthauen nicht ge=
braucht werden/ auch in den an/ durch vnd abzügen
niemandt beschweren/ was sie verbrauchen/zahlen/
kein musterplatz noch musterung/ gleichsfals kein ab=
dancken oder trennen/in des heyligen Reichs vnd des=
sen angehörigen schirmbs verwandten/ grund/ bo=
den vnd öbrigkeit fürgenommen werden/ sondern
ausserhalb desselben solches alles beschehen soll.

§ Die Obristen/ Rittmeister/ Haupt vnd andere
befelchsleut/die seyen hohen vnd nidern Standts/ so
freinbden Potentaten deutsch Kriegsvolck zu wer=
ben begehren/ sollen in allwegen/es hab der Potentat
bey vns ansuchens/wie oben verlaut/gethan oder nit/
schuldig sein/ehe vnd zuuor sie einige Kriegsleut anne=
men/ vnd in anzug bringen/ vns solches jhr vorhaben
auch zuuerstendigen/ Nemlich/ welchen Potentaten/
vnd wie viel Kriegsvolck sie werben/ vnd in anzug
bringen wöllen/ mit verspruchnuß/ daß der muster=
platz vnd musterung ausserhalb des heiligen Reichs/
vnd dessen angehörigen schirmbs verwandten/grund/
boden/ vnd öbrigkeit gehalten werden: Die Kriegs=
leuth jhren fuß auff des Reichs/ vnd dessen angehöri=
schirmbs verwandten boden/ keins wegs/ es sey
defensiue oder offensiue mit gegenwehr oder angreif=
fen setzen: auch ehe sie widerumb im abziehen des
Reichs/vnd dessen schirmbs verwandten boden/lan=
den/getrennet:eyntzig oder Rottenweiß/aber hauffen
weiß/ keins wegs ziehen sollen: vnnd dann das sie ge=
nugsamb verbürgte caution mit Ständen im Reich
gesetz

gesessen/vermög des Reichs abschieden den Krayß-
obristen/zu vnd nach geordneten/in deren Kraiß vnd
Landen geworben/oder der an vnd durchzug fürgehn
möcht/zuvorderst thun wöllen.

¶ Darauff sie dann bey denselben Krayß obri-
sten/zu vnd nach geordneten/auch sich zuvorderst an-
zeygen/jre habende bestallungen glaubwürdig im original fürzaigen/demselben gleichen bericht vnd ver-
sprüchnuß/wie vns beschehen/thuen/Darzu genugsa-
me caution durch burgschafft mit Reichs ständen im
Reich gesessen/inhalt angeregter abschieden/in massen
hernach wörtlich volgt/erstatten sollen.

¶ Wir N. oder ich N. thue kundt/vnd bekenne
mit diesem brieff/Nach dem N. König oder Potentat
mich alß seinen bestelten obristen/Ritmeister/Haupt-
man/oder N. Befelchsman angelangt im heyligen
Reich deutscher nation N. reutter/oder fußvolck in bestallung auff vnd anzunemen/auch solches der Römischen Kayserlichen Maiestet vnserem allergnedigsten
herren zuvorderst nach inhalt des heyligen Reichs abschiedt zu Speyr im jar der mindern zaal/sibentzig/in
vnderthenigkeit verstendigt hab/neben erbietung alles das jenig zuthuen vnd zulaisten/was mir jetzt angeregter vnd andere Reichs abschieden aufferlegen
thuen/Daß ich solchem nach/auff heut dato N. Krayß
obristen zu vnd nachgeordneten/in deren Krayß vnd
Landen ich zu werben/oder das Kriegsvolck durch
an oder

Abſchiedt zu Speyer

an oder zu zufüren fürhabens bin/ bey waren worten/
trewen vnd glauben/ neben fürzeigung meiner haben=
den original beſtallung zugeſagt vnd verſprochen hab/
auch in krafft diſes brieffs zuſage vñ verſpreche veſtig=
lich. Zum erſten/ daß ſolche Kriegsleut wider hochſt=
gedachte Keyſerliche Mayeſtat/ des heiligen Reichs
Churfürſten/ Fürſten/ Stände/ vnderthanen ſchutz
vnd ſchirmbs verwandten keins wegs dienen/ noch
jren fuß auff des heiligen Reichs/ vnd deſſen ſchirmbs=
verwandten poden keinerley vrſachen wegen/ es ſey
defenſiue oder offenſiue/ das iſt gegenwürlich oder
belaidigen nicht ſetzen/ noch ſonſten dargegen ſich brau
chen laſſen ſollen noch wöllen. Zum andern/ daß ſie
auch in jhren an vnd durchzügen niemandt belaidigen/
beſchädigen/ noch beſchweren/ auch nicht hauffen/ ſon
dern ainzig vnd rotten weiß/ alſ lang ſie des Reichs
vnd deſſen ſchirmbs verwandten poden berüren/ zie=
hen: die vnderthanen mit ſchädlichen ſtill ligen nicht
beſchweren: was ſie verbrauchen/ bezalen ſollen/ Dar=
für ich auch ſelbſt hauptſchuldener/ vnd bezaler ſeyn
wil/ darumb wil ich auch in den an vnd durchzügen
bey einer jeden rott einen rottmeiſter/ oder ein ander
an ſeine ſtat verordnen/ ſo ſeinen namen an orten vnd
enden/ da ſie durchziehen/ angeben ſoll/ damit man wiſ
ſen möge/ daß ich das Kriegsvolck geworben/ vnd da
es ſich vngebürlich verhielte/ mich darumb anzuſpre=
chen hab. Zum dritten/ daß kein muſterplatz oder mu=
ſterung innerhalb des Reichs oder deſſen ſchirmbs=
verwandten poden/ durch mich fürgenommen wer=
den ſoll/ oder da es ein ander zuthun vnderſtünde/ kei=
ne Kriegsleut dahin führen noch beſchaiden: auch mit
daran ſeyn/ vnd ſelbſt darfür hafften/ daß das abdan=
cken vnd trennen des Kriegsvolcks/ ehe vnd zuuor es
des Reichs/ vnd deſſen ſchirmbs verwandten poden
widerumb

widerumb erzaichet / beschehen / vnd dann in annemung die Kriegsleut dahin weysen/daß sie auch sonsten in allen dingen des Reichs landtfrieden/satzungen vnd abschiden sich gemeß verhalten sollen. Derhalben ich dann alle meine haab vnd güter/ wo die auch gelegen oder anzutreffen/hiemit verpfendet/vnd in bester form eyngesetzt haben wil.

¶ Vnd zu mehrer sicherheit vnd vesthaltung aller vnd jeder obgemeldter puncten/ hab ich die N. vnnd N. gebetten/ für mich verbürgte caution/ als hauptschuldigern inhalt des heyligen Reichs ordnung zuthun/ Der gestalt/ da ich in einem oder mehr obgehörter versprochner puncten/ vngehorsam oder seumig funden/ vnd meine zusag nicht leisten würde/ daß nicht allein ich/ sondern auch sie sampt vnd sonder ehegedachten Krayßöbristen/ zu vnd nach geordneten öbrigkeiten/vnderthanen vnd schirmbs verwandten alle zugefügte kösten vnnd schäden/ wie es im selbigen Krayß nach billigen dingen ermessen wird/vnuerzüglich entrichten vnd bezalen sollen vnd wöllen/ alles nach fernerm inhalt obgerürten mehern Speyrischen abschiedts.

¶ Welches wir N. vnd N. also wahr seyn/ vnd einem jeden zu hauptbürgen vnd hauptschuldigern gesetzt zu seyn/ alles mit verpfendung vnserer haab vnd güter/ auch mit verzeihung aller rechtlichen

B   wol

wolthaten/ alßdann ein jeder vnder vns für den gan=
tzen schaden vnd kosten gelten vnd zahlung thun soll:
auch vnangesehen/ daß vnser principal zuvorderst nit
sey darumb rechtlich ersucht/ vnd fürgenommen wor=
den/in krafft dieses brieffs/frey vnd offentlich beken=
nen: Zu vrkundt der warheit hab ich N. alß principal/
vnd wir N. vnd N. Hauptbürged/ein jeder sein ange=
born insiegel(oder petschafft) vnden auff spacio fürge=
trückt/Beschehen vnd geben/rc.

¶ Darauff vnd da solche oberzelte anzeyg/ver=
sicherung vnd caution, von jnen/den obristen/Rittmei
stern/ haupt vnd beuelchsleuthen würcksamblich für=
gangen vnd erstattet/sollen sie an werbung des krigß
volcks vnuerhindert gelassen seyn.

¶ Im fall dann die werbende obristen/rittmei=
ster/ haupt vnd beuelchsleut in jhren an vnd durchzü=
gen den Krayßstanden oder vnderthanen schaden
oder vnkosten verursachten vnd zufügten/ darüber
sollen desselben Krayß obrister zu vnd nachgeordne=
ten Summarie zuerkennen zuermessigen/ vnd dasselbig
so wol gegen dem principal alß dessen bürgen/auch de=
ren haab vnd güter vnuerzüglich zu exequiren/ oder
die obrigkeit/darunder die verpfändte güter gelegen/
vmb schleunige execution zu thun/ zu ersuchen haben.
DA

¶ Da aber ainiger öbrister/rittmeister/haupt
oder ander befelchaman/ehe vnd zuvor er solche obge=
sezte anzaig/vns vnd den Krayßöbristen zu vnd nach
geordneten/neben der versprüchnuß vnd laistung der
caution/wie oben disponirt/gethan/kriegsleut heimb=
lich oder offentlich den Potentaten zuwerben/vnd in
anzug zubringen vnderstehen würde/ Soll derselb
nicht allein nur der that ohn weiter erklärung in der
acht sein/sondern auch alßbald durch den Krayßöbri=
sten zu vnd nach geordnete in bestrickung genommen/
jhme seine werbung widergelegt/das kriegsvolck/ da
es albereit fürhanden/getrennet/vñ sonsten weiters/
wes des Reichs executions ordnung in solchen fellen
vermag/fürgenommen werden.

¶ Damit dann auch so wol die gemeine kriegs=
leut/ es seyen reutter oder fuß volck/alß die öbristen
rittmeister/hauptleut/ oder andere beuelchsleut ein=
mahl durchauß wissen mögen/ wie vnd welcher mas=
sen ein jeder/da er von vns oder andern kriegsherrn ge=
worben/in allen dingen sich ritterlich/ manlich vnd
redlich nach ordnung des alten löblichen reutter vnd
kriegsrechtens/vnd dañ nach jeziger zeit gelegenhai=
ten zuverhalten/ferners wie auch alle vntugendt bey
den kriegsleuten zuverhüten/ oder aber zustraffen/
Haben wir auff vorgehabtem rath der Chur vnd
Fürsten/auch der andern Stånden vnd abgesandten/
vnsere vnd deß heiligen Reichs alte reutter bestallung
vnd articuls brieff ersehen/verbessern/vnd zu end die=
ses vnsern vnd des Reichs abschiets auch in truck auf=
gehen lassen:Demnach sezen/ordnen vnd befehlen wir
B ij   allen

Abschiedt zu Speyer

allen vnd jeden vnsern vnd des heiligen Reichs ange=
hörigen/ vnd vnderthanen/ so sich in kriegßzügen zu
roß oder fuß bestellen vnd brauchen lassen/ daß ein je=
der solchen articulen/ souiel jn berüren mag/ in seinem
ampt vnd dienst sich gemeß/gehorsam/vnd vnuerwiß=
lich erzayge/ alles bey vermeydung vnserer vngnad
vnd andern straffen/darin verleibt.

¶ Weiters alß auch jn vergangnen geschwinden
werben vñ kriegsleufften erfaren/ob wol die heilsame
constitution des landtfriedens/ vnd darauff gerichte
execution ordnung vernünfftiglich bedacht/ daß doch
daran allerhandt mangels zuuorab im auffmanen vnd
zuziehen/so vielen beschwerten Stånden zu langsamb
oder zumal nicht eruolget/ darüber sie/jre landen/ vnd
vndertthanen grosse verderbliche schåden erlitten: Da=
rumb solches hinfürter mit schleuniger ordnung zuuor
kommen/haben wir vns mit den erscheinenden Chur=
fürsten/ Fürsten/ Stånden/ vnd der abwesenden rå=
ten vnd pottschafften/darauff verglichen/hiemit sta=
tuirendt vnd wöllen/ Da einiger Standt wider auff=
gerichten religion vnd prophan frieden beschwerdt/
oder die andrauwend gefahr beuor zu sein spüren wür=
de/ vnd jhm auff sein gesinnen vom öbristen seines o=
der andern Krayssen vermög der ordnung nicht zeit=
lich geholffen/ sondern verzug oder saumbsall darun=
der gepraucht werden wölle/Soll derselb auch macht
haben dasselbig an vns/alß Römischen Kayser/zuge=
langen/darauff dañ wir nach gestalt fürstehender ge=
fahr einen oder drey nechst angesessenen Krayßöbri=
sten zu vnd nachgeordneten mit ernst zubefehlen/ vnd
auffzumanen haben sollen/dem beschwerten inhalt der
executions ordnung vnuerzüglich hülff zuthun.
Welcher

¶ Welcher massen auch in fellen/ da etwan grösse=
re gefährlichaiten sich ereugen würden/ die sachen zu=
legt auff einen gemeynen Reichs deputation tag an=
bracht/ vnd tractiert werden sollen/ist im Augßpurgi=
schen abschiedt Anno rc. Fünfftzig fünff im Verß:(So
sich dan abermals die sachen/rc.) mit sonderer ord=
nung versehen: Sintemal aber seidthero vielmaln er=
faren/ daß nunmehr das auff wickeln vnd werben der
Kriegßleut gantz geschwindt/ vnd ehe man zu solchem
deputation tag komen mag/sie schon mit gantzer macht
aufffeyn/die Krayß vñ landen durchziehen/jederman
betrüben vnd belaidigen.

¶ Derhalben solcher geschwinden thatlichait/vnd
gemeynen landt verderben auch mit eilender hülff vnd
abwendung zubegegnen/ Haben wir vns mit gemei=
nen Ständen vnd den abgesandten dahin verglichen/
Setzen/ordnen vnd wöllen/ Da hinfüro jemandt wi=
der obangeregten religion vnd prophan frieden mit
thatlichem gewalt beschwert/oder da im Reich empö=
rung/auffwiglung/vergaderung/ musterplätz/vnge=
bürliche an/durch oder abzüge/oder dergleichen schäd=
liche gefärlichaiten sich ereugen würden/oder auch bey
den benachpaurten Potentaten solche krieg entstun=
den/ darauß dem Reich/ dessen Ständen vnd vnder=
thanen gefahr vnd nachtheil zugewarten/ vnd aber
der verzug zu grösserer weiterung raichen soll/ Daß
alßdann neben denen zuvor verordneten Krayßhülf=
fen/ auch wir alß Römischer Kayser/ vnserm Neuen
dem Ertzbischouen vnd Churfürsten zu Meyntz befe=
len sollen/vnd wöllen/einen Reichs deputation tag gen
Franckfort/oder aber wo es sonsten den sachen am ge=
legnesten sein sol/vnuerzüglich vnd auffs bäldest es ge=

B iij   schehen

scheben möcht/zusammen zukommen/an die deputirte
Stände außzuschreiben/dahin dann auch die selbige
beschriebne deputirten selbst zuerscheinen/oder aber
jre statliche/ansehenliche Räthe zu berathschlagung
gemeiner nottrifft abzufertigen schüldig sein sollen/
wie dañ in obangezognem Augspurgischen abschied im
Verf:(So sich dan abermals/zc.)ferners statuirt.

¶ Vnd damit solche wichtige ding auff gemaine
Reichs deputation tägen bey diesen vnruwigen zeyt-
ten/mit mehrer Reichsständen rath vnd zuthun trac-
tirt/berathschlagt/in den Krayssen publiciert/vnd darob gehalten wurde/solle ehegemeldter Ertzbischoff
vnd Churfürst/zu Meyntz/zu vnnd neben denen in
baiden Augspurgischen Anno zc. fünfftzig fünff/vnd
fünfftzig neun publicirten abschieden/benandtlich deputirten Ständen/hinfüro zu künfftigen deputation
tägen/jedesmahl noch vier Stände/als jeder zeit re-
gierenden Bischoffen zu Costnitz/dergleichen die regierung des Burgundischen Krayß/hertzog Julius zu
Braunschweig/vnd hertzog Hauß Friderich zu Pom-
mern/auch erfordern vnd beschreiben/so auch dahin
selbst/oder aber durch jre vorneme abgefertigte räthe
zuerscheinen schuldig seyn sollen/Doch da auff beschehen erfordern ein oder mehr deputirte Stände/oder
deren befelchhabern aussenbleiben/oder zumahl niemandt schicken würden/sollen die anwesenden eben-
wol/vermög vorberürts Anno zc. Fünfftzig fünff publicirten Augspurgischen/vnd anderer eruolgten abschieden in fürstehenden sachen procediren/vnd schlüß-
lich handlen/welches nicht weniger/als ob sie sampt
erschienen wären/krafft vnd macht haben solle.

Vnd

¶ Vnd sollen solche hülff der Krayß mit auffs
mahnen vnd zuzug statt haben/ wider alle im heyligen
Reich zutragende vergaderung / auffwiglung/ vnd
versamblung reutter vnd knecht: auch alle thätliche
händlungen der jhenigen/ so sich im heyligen Reich an
gleich vnd recht nicht benügen lassen/ vnd dann alle
vergwaltigungen frembder eyn oder außfälle/ feindt-
lichen angreiffen/ vngebürliche gewaltige an/ durch/
oder abzüge: Demnach sollen auch dieselbige Krayß
hülff allein den jenigen zustatten koñen/ so wider des
heyligen Reichs religion vnnd prophan frieden be-
schwert/ beschädiget/ bedrangt/ oder sonsten thatlich
offendirt würden/ wie darvon in mehr angeregtem
Augspurgischen Anno fünfftzig fünff auffgerichten
abschiet im Verß:(auff das auch desto weniger/rc.)
zum theil auch disponirt worden.

¶ Sintemal auch auß hochbewegenden vrsachen in etlichen vorigen Reichs vnd deputations ab-
schieden/ sonderlich Anno fünfftzig fünff/ fünfftzig sie-
ben/ sechtzig vier/ vnd sechtzig sechs verordnet/ welcher
massen ein jeder Krayß mit seinen erwöhlten obristen
zu vnd nach geordneten/ auch andern beuelchsleuthen/
geschütz/ artolorey/ munition/ vnd was darzu gehörig
in guter gewisser beraitschafft stehen/ auch die Stände eines jeden Krayß nach jret bester gelegenhait/ wes
sie anfenglich vnd fürters jeder zeit auf erhaischender
notturfft zu solchẽ auffgabẽ auff die anschläg eines jeden Stands zu erlegen/ sich selbst vnter jnen zuuergleì-
chẽ vñ zuentschliessen habẽ sollẽ/ damit man dessen alles
im

Abschiedt zu Speyer

im fall der nothturfft zubrauchen / durchauß verge=
wißt / vnd ein Krayß dem andern verträwlichen bey=
standt / hülff vnd rettung laisten köndte / vnd aber an
solcher anordnung noch bey etlichen Krayssen etwas
mangel erscheinen soll.

¶ So haben wir vns mit den anwesenden Stän
den / vnd der andern bottschafften entschlossen / Se=
tzen / ordnen vnd wöllen / daß die Stände vnd Kray=
ssen / so noch zur zeit nicht dermassen / wie oben erzehlt /
sich gefaßt gemacht / nach dato dieses abschiedts in mo=
nats frist sich zusammen fügen / vnd die gewisse ver=
fassung in richtige wircklichait stellen / on alles lenger
verziehen / auch vns vnd andern angesessnen Krayß=
öbristen zu vnd nach geordneten / innerhalb dreyen
monat / dauon gebürlichen bericht / wie auch zu Regen=
spurg / Anno / rc. Funfftzig sieben / vnd abermahls zu
Wormbs / Anno rc. Sechtzig vier verabschiedet / ay=
gentlich thun sollen.

Nach

Nach erledigten puncten/ wie inner=
licher fried vnd gut beständig regiment im hailigen
Reich zu halten/ Haben wir als ein wachende haupt
des Römischen Kayserthumbs nicht vmbgehen mö=
gen/ den erscheinenden Churfürsten/ Fürsten/ Stän=
den vnd abgesandten ferners zuvermelden/ auß was
sen bewegenden vrsachen wir nach absterben des al=
ten Türckischen Kaysers Solyman (so des Christli=
chen namens feindt biß in sein grub verblieben) mit sei=
nem sohn Selim Sultan einen frieden biß auff acht
jar troffen/ vnd gemacht. Dieweil dann für augen/ daß
des Türcken durchbrechender gewaldt jhe lenger jhe
mehr dem hayligen Reich Teutscher nation sich zune=
heren thut/ Vnd es gewißlich an dem/ da wir in we=
renden friedstande vnsere ort flecken/ vnd gränitzen in
vnseren vbrigen Hungerischen vnd Zipßischen lan=
den/ nicht allein mit guten kriegsleuthen/ munition/
vnd allem darzu gehörenden hochturfft fur vnd für
starck besetzen/ vnd für dem Türckischen vngewissen
glauben wol bewahren/ sondern auch dieselbige/ wie
sie hierbevor zu besestigen angefangen/ völliglich mit
mercklichen grossen kosten auß bawen/ darzu noch an=
dere mehr orth päß/ auch zur gegenwehr/ vnd auffent=
halt des Feindts macht wol gelegen/ von neuwen er=
bawen/ besestigen/ vñ besetzen nicht liessen/ Daß er her=
nach/ da er nur seine gelegenhait ersehen/ nicht allein
angeregte vnsere vbrige Hungerische vnd Zipßische
landen zu seinen handen reissen/ sondern auch in kur=
tzem seinen fuß auff den Teutschen poden setzen/ daselb=
sten ohn alles hindern alle lände vnd leuth vrplützlich
vberfalle/ mit erschrecklichen blutvergiessen alles jäm=
merlichen niderhawen/ verwüsten/ vnd seiner tiran=
ney vnderwürffig machen würde.

C Sintee

Abschiedt zu Speyer

im fall der nothturfft zubrauchen / durchauß verge=
wißt / vnd ein Krayß dem andern verttewlichen bey=
standt / hülff vnd rettung laisten köndte / vnd aber an
solcher anordnung noch bey etlichen Krayssen etwas
mangel erscheinen soll.

¶ So haben wir vns mit den anwesenden Stän
den / vnd der andern bottschafften entschlossen / Se=
tzen / ordnen vnd wöllen / daß die Stände vnd Kray=
ssen / so noch zur zeit nicht dermassen / wie oben erzehlt /
sich gefaßt gemacht / nach dato dieses abschiedes in mo=
nats frist sich zusammen fügen / vnd die gewisse ver=
fassung in richtige wircklichait stellen / on alles lenger
verziehen / auch vns vnd andern angesessnen Krayß
öbristen zu vnd nach geordneten / innerhalb dreyen
monat / dauon gebürlichen bericht / wie auch zu Regen=
spurg / Anno / ꝛc. Funfftzig sieben / vnd abermahls zu
Wormbs / Anno ꝛc. Sechtzig vier verabschiedet / ay=
gentlich thun sollen.

Nach

9 *[Handschriftliche Notiz]*

¶ Nach erhebten vmbftten/ wie innen/
licher fried vnd gut beftellten regiment im hailigen
Reich erhalten/ Haben wir als ein wachender haupt
des Römischen Kaiferthumbs nicht vmbgehen mö/
gen/ den erscheinenden Churfürsten/ Fürsten/ Stän/
den vnd abgesandten ferners zuuermelden/ auß was/
sen bewegenden vrsachen wir nach absterben des al/
ten Türckischen Kaysers Solyman (so des Christli/
chen namens feindt biß in sein grub verblieben) mit sei/
nem sohn Selim Sultan einen frieden biß auff acht
jar troffen/ vnd gemacht. Dieweil dann für augen/ daß
des Türcken durchbrechender gewaldt jhe lenger jhe
mehr dem hayligen Reich Teutscher nation sich zune/
heren thut/ Vnd es gewißlich an dem/ da wir in we/
renden fridstande vnsere orth stecken/ vnd gränitzen in
vnseren vberigen Hungerischen vnd Zipsischen lan/
den/ nicht allein mit guten kriegsleuthen/ munition/
vnd allen darzu gehörenden nothturfft für vnd für
starck besetzen/ vnd für dem Türckischen vngewissen
glauben wol bewahren/ sondern auch dieselbige/ wie
sie hiebeuor zu befestigen angefangen/ völliglich mit
mercklichen grossen kosten aufbawen/ darzu noch an/
dere mehr orth/ päß/ auch zur gegenwehr/ vnd auffent/
halt des feindts macht wol gelegen/ von neuwen er/
bawen/ befestigen/ vñ besetzen nicht liessen/ Daß er her/
nach/ da er nur seine gelegenhait ersehen/ nicht allein
angeregte vnsere vberige Hungerische vnd Zipsische
landen zu seinen handen reissen/ sondern auch in kur/
tzem seinen fuß auff den Teutschen poden setzen/ daselb/
sten ohn alles hinderen alle landt vnd leuth vrplützlich
vberfalle/ mit erschrecklichen blutvergiessen alles jäm/
merlichen niderhawen/ verwüsten/ vnd seiner tiran/
ney vnderwürffig machen würde.

C   Sinte/

Abschiedt zu Speyer

¶ Sintemal aber solichem grossen last/ kosten vnd auffgaben/ vns/ vnsern Königreichen/ landen vnd vnderthanen allein auffzustehen vnd zuertragen beschwerlich/ Als würden wir nothdringlich geursacht/ jr mitleydenliche hülff zu angeregten hochnötiger erbawung vnd befestigung solcher Hungerischen vnd Zipsischen päß vnd ortflecken zuersuchen.

¶ Wiewol nun die erscheinende Churfürsten/ fürsten vnd Stände sampt der abwesenden rächen vnd gesandten bey diesem puncten vns anzaygen/ vnd berichten lassen/ welcher massen so wol gemaine Städen an jren cammergüttern vnd eynkommen/ als derselben vnderthanen von wegen vielfaltigen ordinari/ vnd extra ordinari Reichs anlägen/ vnd darneben erlitnen vielen beschwerlichen durchzügen/ tewrungen/ vnd andern zugestandenen vnfällen zumal beschwerlich fallen würdt/ mit weitern anlagen sich beladen zu lassen.

¶ Jedoch dieweil sie darneben bedacht/ vnd für augen gesehen/ wie hoch vnd viel dem hailigen Reich deutscher nation/ vnserm geliebten vatterlandt/ daran fürnemlich gelegen/ daß vnsere Hungerische vnd Zipsische frontier als deutscher nation negste vormawr für des Türcken gewaltiger hand/ durchprechen/ vnd vberfallen/ an nöttigen pässen gebessert/ vnd erbawet/ Als haben sie vns zu vnderthenigsten gefallen/ auch

vnsern

vnsern bedrangten Christlichen vnderthanen in Hungern vnd Zipß zu mehrerm trost / vnd dem gemainen Vatterlandt selbest / zum besten sich dahin erklert / vnd eyngewilliget.

¶ Erstlich dieweil noch ein ansehenlicher vorrath an gelt im hailigen Reich bevor / so von gemeinen Ständen zur behartlichen Türckenhülff auff neheren Anno sechtzig sechß zu Augspurg / vnd Anno sechtzig sieben zu Regenspurg gehaltenen bayden Reichstägen bewilligt / vñ biß daher in den verordneten legstetten / Franckfurt / Nürnberg / Regenspurg / Augspurg / vnd Leipsig zusammen getragen / vnd verwarlich behalten / Daß wir solichen vorrath zum thail oder zu mahl vnser nothturfft nach / zu vnsern handen nemen sollen vnd mögen / Damit obuermelte vnserer Hungerischen vnd Zipsischen landen orth päß vnnd flecken vnserm gutachten nach zum besten zuerbawen vnd zubefestigen : Darneben haben sie vns zu sollichem pawgeldt noch fernere hülff an geldt / nemblich zwölff monat / auff eines jeden eynfachen anschlag in dreyen jahren / vñ jedes jahrs vier monat in grober gangbarer gülden oder silbern müntzen / zu Franckfurt / Nürnberg / Regenspurg / Augspurg / oder Leipsig / vnd dahin hinder Burgermeister vnd rath gegen empfahung gebürlicher vrkundt richtig zu erlegen / versprochen vnd zugesagt. Vnd soll das erst ziel auff Natiuitatis Mariæ Anno siebentzig zway / das ander ziel sontag Lætare, im volgenden drey vñ siebentzigsten jar / das dritt ziel widerumb auff Natiuitatis Mariæ im selbigen drey vnd siebentzigsten jar angehen : vnd also

C ij   weit=

weitters die ziel nacheinander im vier vñd siebentzig=
sten jar/biß auff sontag Lætare des fünff vñd sibentzig=
sten jars (thunt in summa zwölff monat in sechs zahl
richtig zumachen) sich continuiren.

¶ Weliche von gemainen Ständen/vnd der ab=
wesenden pottschafften/vns also eingewilligte vnd
versprochne gelthülff/haben wir zu gnedigem wolge=
fallen angenommen: Seindt auch dessen erbietens/al=
le mögliche versehung zuthun/damit die Stände vnd
vnderthanen im hailigen Reich für den vngepürlichen
landt verderblichen/an/durch/vnd abzügen/ muster=
plätz/ vnd andern thätlichen handlungen/so vnserm
vnd des Reichs vorigen oder jetzigen abschiedt zu wi=
der fürgenommen werden solten/ von vns der gepür
geschützt/vnd deren geübriget seyn mögen.

¶ Auff daß auch diese hawhülff eines jeden
Standts anschlag nach desto völliger geleistet /vnd
jre schüldigkeit desto gewisser vñ stattlicher einbracht
würde/So sollen die Stände/so durch andern aufge=
zogen/vnd nicht in possessione vel quasi libertatis seindt/
ein jeder neben andern Ständen sein angebürende an=
lag vermög des Reichs anschleg selbst entrichten:oder
aber die aufziehende Stände/oder andern dem Reich
vnderworffne eynhabern derselben herrschafften vnd
gütter(so vom hailigen Reich herrürendt /vnd dem=
selben one mittel vnderworffen seind)für sie onabbrü=
chig

dig zu bezalen schuldig sein/ Doch den exempten oder
auß ziehenden Stånden in andern fellen an jhrer gerechtigkeit nichts benommen.

¶ Vnd nachdem soliche hilffleistung zu erbawung obgerürter frontier keinen verzug erleiden kan/
sondern von allen vnd jeden Stånden auff bestimpte
ziel soll vnd muß vnabgengdlich einbracht/ vnd erlegt
werden (wofern man sonsten das gelt zum baw nützlich anlegen/ vnd die orthpåß in werenden friedstandt
höchster notturfft nach befestigen soll) Als mit gemeynen beschluß der anwesenden Churfürsten/ Fürsten vnd Stånden/ auch der abwesenden pottschafften vnd gesandten verglichen/ Setzen/ ordnen/ vnd
wöllen wir/ daß zu befürderung solicher nothwendigen contribution/ vnd zu erhaltung gleichait/ da einicher Stand sein gebür auff angesetzte ziel nit erlegen/
sondern sich daran vngehorsam erzaigen würde/ derselb damit in die peen der Acht gefallen sein/ auch vnser
Cammer Procurator/ Fiscal gegen denselben ladung
zusehen/ vnd hören/ sich darin zuerkleren/ rc. aufprin-
gen/ vnd darauff zum schleunigsten procediren soll.

¶ Darumb die verordente legstat auch verpflicht
seyn sollen/ nach außgang eines jeden obgesetzten ter-
mins/ innerhalb drey oder vier wochen vnserm Fiscal
ein verzaichnuß / was ein jeder Standt bey jhnen er-

C iij   legt

Abschiedt zu Speyer

legt vnseumblich zu fertigen / darnach er sich seines ampts der gebühr wider die seumigen one eynichen respect der personen zuverhalten.

¶ Sintemal auch noch etliche Stände zu ob angezognem vorrath der beharrlichen hülff noch 17. tausendt gulden zu erlegen schuldig / Damit dann glaichait durchauß gehalten / vnd derselb gentzlich / dahin er verordnet / eynpracht / vnd angewendet werden möge / Sol ermeldter vnser Kayserlicher Fiscal gegen soliche seumige Stände mit schleunigen procediren / inhalt vnser vnd des hailigen Reichs abschiedts Anno Sechtzig sechs zu Augspurg publicirt / wie sich gebürt / verfahren.

¶ Es sollen auch Cammerrichter vnd Beysitzer nach gelegenhait der vmbstenden / vnd zu richtiger eynpringung deß aufstandts macht haben / die seumigen an stat verwürckter peen der Acht / allein in die ansehenliche geltstraff / so auch der achts erklärung vermög des landtfriedens ipso iure eynverleibt / zu declariren / vnd darauff zu gepürlicher execution inhalt der Cammergerichts ordnung / Part. 3. tit. 48. Verß. Vnd so also / zc. Vnsern Fiscal weiters vnverzüglich procediren lassen.

Ferners

Im jar 1570. vffgericht.

¶ Ferners haben die anwesende Churfürsten/
Fürsten vnd Stände/ neben der andern Räthe vnd
gesandten/vns jr vnderthenigst gut bedüncken/ beym
dritten articul des Gottawischen executions kosten/
sampt andern anhangenden puncten/ vnd dann was
wir in der neben proposition (Wie dem hochgebornen
vnserm lieben Oheymen Herzogen Augusto/ Churfürsten zu Sachssen/ ic. vnd etlichen andern Stän-
den/jhr aufstandt an berürten executions kosten/ vnd
am Wormbsischen wartgeldt gepürliche bezahlung
beschehen möge) jhnen zu berathschlagen fürtragen/
auch was darneben der hochgeborner vnser lieber
Oheym/Herzog Hans Wilhelm zu Sachssen für seiner Lieb interesse so wol vns als jhnen den Ständen
vnd abgesandten fürbringen lassen/auch eröffnet/vnd
sich dahin erklärt. Welcher massen sie sich wol zu erin-
nern/was dieser puncten wegen auff neheren Regen-
spurgischen Reichstag / auch erfolgten zu Erffordt
vnd Franckfordt gemeynen Krayß versamblung/vnd
deputations tägen tractiert/ insonderheyt aber das
gemeyne Ständen solichen grossen mercklichen executions kosten abzurichten ohn gebührlicher gegener-
stattung auf Herzog Hans Friderichs anthail landes auff sich mit nichten genommen/ noch viel weni-
ger/ das sie solliches zuthun schuldig seyn sollen/in erwegung im Erffordtischen Abschiedt ein anders sta-
tuirt/auch in des hayligen Reichs Constitution vom
Landtfrieden heilsämblichen versehen / das auch der
vberfahrer lehengütter/ ob die wol dem lehenherrn
heimbgefallen/ dennocht derselb Lehenherr alsslang
der Echter lebt/ kein macht haben solle / jhme oder
andern lehens erben zu leyhen / oder die abnuzun-
gen volgen zu lassen/ sondern sollen gemeldte ab-
nuzungen/was vber nottürfftige vorsehung vbrig/
dem

dem beschädigten nach vnser oder vnsers Cammergerichts ermessigung als lang der friedbrecher lebt/
oder er sich mit dem beschädigten nicht verglichen/
vnd der acht erledigt/geuolgt werden/wie dann auch
in vnser vnd des hayligen Reichs sondere executions
ordnung ferners disponirt worden.

§. Demnach vnd dieweil solich obgerürt hertzog
Hans Friderichs antheyl landes in krafft ergangener
achts erklärung/ vnd angezogner executions ordnung
in namen der Stännden würcklichen eyngenommen/
darauff sie auch N. tausendt gülden angewendet vnd
dann vorgedachten Churfürsten zu Sachssen/ noch
N. tausent gülden fürgesetzten anleyhens wegen/ wie
in beschehener rechnung befunden/ zu entrichten auf-
stendig.

§. Als können sie obberürts hertzog Hans Wilhelms an vns beschehen begeren kein statt thun/son-
dern mustens bey obangeregter constitution des
Landtfriedens/ auch der executions ordnung/ vnd
verabschiedung bewenden lassen.

§. Wann auch von den Churfürstlichen Säch-
sischen abgesandten darneben so viel mehr bericht/
(mit

(mit fürzaigung zwayer sondern assecuration deren
bay de data stehen am achten Januarij Anno tausendt
fünffhundert sechzig sieben) jhnen den Ständen fürpracht. Welicher gestalt mehegemeldten Churfürsten
zu Sachssen vier darin benandte ämpter für deme re-
cutions kosten von seiner Hertzog Johan Wilhelms
libd / in massen derselben bruder dieselbige innen gehabt / selbst eyzunemen bewilligt / rc. Darauff sie dann
gebetten jhren genedigsten herrn / entweder obange-
meldten auffstandts wegen / mit gelt abzufriedigen /
oder aber vermög habender assecuration, bey söllichen
verschriebnen empter bleyben zulassen / rc. Als erachten sie die Stände vnd gesandten vmb / so viel mehr
Sachssens Churfürstens lieb / bey eynnemung einer /
zwayer / dreyer / oder aller vier assecurirten (vnd den
Ständen ohne das verhaffter) empter / so hoch vnd
weit derselben auffstandt sich erstreckt / zulassen / auch
dahin hiemit zuweisen : als des Reichs Stände vnd
vnderthanen mit weittern contributionen zubeschwe-
ren. Doch derselben eyngenomener ämpter eynlösung
ehegedachts Hertzog Hanß Friderichen jungen söhnen vnd herrschafften / vorbehalten / rc.

¶ Nach dem wir nun gestalt vnd herkommen-
heit dieser sachen gutter massen berichtet / auch nicht
anders ermessen mögen / dann die Stände bey vnsern
vnd des hailigen Reichs publicirten Landfrieden / abschieden / executions vnd andern hailsamen ordnungen
in alwegen zu handhaben / So haben wir solch obge-
hört gemeiner Stände / vnd der abgesandten bedencken vns auch genedigst gefallen lassen.

              D   Was

Abschiedt zu Speyer

¶ Was dann sein Hertzog Hans Friderichs
vberigen anthail landes anlangt/ ob wol derselb an=
thail vns vnd dem hailigen Reich vermög des landt=
friedens vnd executions ordnung / wie oben gehört/
heimgefallen/vnd verhafftet: Doch auff der anwesen=
den Churfürsten/ Fürsten / vnd Stånden/auch der
andern råthen vnd pottschafften vnderthenigste ahn
vns beschehene votpit / vnd mitleydenlich ersuchen/
haben wir jetztgenandts Hertzog Hanß Friderichs
drey junge söhn auß Kayserlichen gnaden / vnd auff
beschehen von jhrentwegen bey vns vnderthenigst
abbitten/ zu solichen anthail landes mit allen seinen
pertinentzien (doch auch mit allen darauff stehenden
oneribus vnd einem jeden seine darzu gepürende anfor=
derungen durchauß vorbehalten) widerumb aller ge=
nedigst restituirt, vnd damit belehnet / auch ferners
vns gemediglich erpotten/gemelten söhnen etliche vor=
münder/vnd dann Commissarien zuuerordnen/ so für=
derliche gepürliche thailung aller landtschafften vnd
gütter mit jrem vetter Hertzog Hans Wilhelmen für=
nemen/ darneben soliche anordnung vnd verwaltung
der landtschafft vnd gütter anstellen sollen/ Damit nit
allein sie/auch jr Vatter vnd fraw Mutter jhre gebür=
liche vnderhaltung darvon haben/ sondern auch ge=
meinen Stånden des hailigen Reichs jr auffgewand=
ter executions kosten / als von jhrem Vatter verur=
sacht/hernach vergnügt vnd bezalt werden möchte.

¶ Alß auch in tractation dieses articuls/ von we=
gen des Fränckischen Krayß / vnd dann etlicher
sonderbaren Stånden fürkomen/ daß sie zu angemel=
ten Gottauwischen executions kosten mehr geldes/
als

als je angeben auf gelegt. Daß aber derhalben noch zur
zeit, nicht aller ding schüldige erstattung bekommen ha
ben solen/ wie dañ darüber underschidliche verzaich=
nussen fürgelegt worden/. Seindt sie von uns/ neben
gemeynen Stännden und abgesandten/ deßen zu Erf=
furt anno Sechtzig sieben nechsthin gemachten ab=
schide erinnert/ darin außtrücklich vorsehen/ wo und
wie ein jeder auf der zehen monatlichen hülff seiner
übermaß wegen vergnügt werden sol/ darnach sie sich
zuerhalten. Doch zu fürderlicher erlangung jres auß
stands/ wöllen wir unserm Kayserlichen Fiscal hiemit
befohlen haben/ zu eynbringung des übrigen Gottau=
wischen executions kosten/ uñ Wormbsisch wartgelts
gegen die säumigen mit unverzüglichen rechten zum
schleunigisten zu procediren/ Sintemahl ja billich und
recht/ daß in solichen administrirter justicien werd/ auch
verhütet innerlicher höchster empörung ein jeder sei=
ne versprochne contribution dargebe/ uñ darin durch=
gehende gleicheit gehalten werde.

¶ Weiters/ nach dem auch bey allen
Regimenten die tägliche experientz beweyset/ wie be=
schwerlich/ oder viel mehr unmüglich es sey/ beständig
friedlich wesen zuerhalten/ da kein fürderlich gleich=
mässig recht einem jeden administriert und volnzogen
wirdt/ Darumb wir auch zu mehrer beförderung ge=
pürlicher justicien im heiligen Reich/ auff unserm ersten
zu Augspurg gehaltenem Reichstag/ unsers Kayser=
lichen Cammergerichts ordnung/ mit gemeiner des hei
ligen Reichs Stände rath und zuthun/ nit allein an

D ij   viele

vilen örtern verpessert/nützliche erklärungen vnd zu=
saß darzu gethan/ sondern haben auch daffelbig mit
noch acht ordinarj beysitzern besetzen laffen/ damit den
rechthengigen sachen ja desto mehr zu gepürlicher er=
örterung verholffen/ vnd also die Stände vnd vnder
thanen zu dem jenigen/ was einem jeden von rechts we
gen gepürt/ kommen/ vnd darbey gehandthabt wer=
den möchten.

¶ Dieweil wir aber seidthero auf etlichen vnd
ejnsprachten Visitation abschieden vnd relationen ey
gentlich berichtet/ wie ein solche grosse menge rechtli
chet sachen an ermeltem vnserm Cammergericht anhen=
gig/ so auch je lenger je mehr zunemen / daß dieselbige/
wo kein andere verordnung mit anstellung mehr audi=
enßien/ vnd was weiters darzu erfordert würde/ für=
genommen / zu letzt sich selbst stöcken/ vnd also die be=
drangte partheyen zu erlangung gepürlichen rechtes
gantz beschwerlich kommen werden mögen.

¶ Also haben wir Churfürsten/ fürsten/ vnd
gemeynen Stånden/ auch den abgesandten råthen
vnd pottschafften/ neben andern des hailigen Reichs
obliegen/ auch diesen articul/ wie der iusticien an berde
tem vnserm Cammergericht/ zu schleuniger gepüren=
der erörtterung einmal auf dem grundt zu helffen/ vnd
besstendiglich befürdert werden möchte/ zu beratschla=
gen proponiren laffen/ darauff sie dann dieser sachen sit
widr=

wirdigkeit nach mit emsigem fleiß nachgesucht/ vnd
ihr nachdem bedencken vns erfüllt.

¶ Demnach haben wir vns mit jnen/ vnd sie sich
wider mit vns verglichen vnd entschlossen / wie
vñ welcher gestalt numehr alle tag (da sonsten keine
ferien) gerichtliche audientzien anzustellen: auch noch
etliche beysitzern/ vnd andere notwendige gerichts per=
sonen auff vnd anzunemen.

¶ Derhalben/ setzen/ ordnen vnd wöllen wir/
daß hinfurter an vnserm Kayserlichen Cammergerichte
alle tag (doch außgenommen den gebanten gepürli=
chen ferien) gerichtlich audientz nachmittag / im som=
mer von ein vhr/ biß zun fünffen/ aber im winter/ von
ein vhr biß zun viern gewißlich gehalten werden soll.

¶ Vnd damit man auch vnderschiedliche gerichts=
liche prothocolla in den audientzien halten/ vñ volgents
daraus in der Cantzelleyen mit compliren der andern
prothocollen vnd acten/ naherkommen möge/ sollen
numehr zweyerley vnderschiedliche audientzien / eine
simplicis querelæ/ die andere appellationum angestelt/
vnd alternatim gehalten werden. Dergestalt/ da am
montag sachen simplicis querelæ gehört/ sol man am fol=

D iij   genden

Abſchiedt zu Speyr

genden zinſtag in appellation ſachen procedirengleichs
fals auch die ordinari vnd extra ordinari audientzien
ſo wol in den appellation, als ſimplicis querelæ ſachen/
wie vor/vermög der ordnung abwechſſeln.

¶ In den appellation audientzien ſollen auch
cauſæ nullitatum reſtitutiones in integrum wider eingang
ne vrtheiln vnd pfandungen/aber in den andern audi
entzien ſimplicis querelæ genant/ſollen auch fractæ pacis
vnd alle andere ſachen tractiert werden/Doch ſoll vn
ſern Commiſſarien/vnd der Stände Viſitatorn, ſo zu
nechſter viſitation abzuordnen/darin fernere gleiche
aufthailung zumachen/hiemit macht vnd befech ge
ben ſeyn.

¶ Es ſollen auch die Fiſcaliſche audientzien am
ſambſtag wie biſdaher vor mittag zu ſommerzeiten
von ſieben vhren biſ zun zehenen/aber im winter/von
achten biſ zun zehenen/ſo lang er zu handlen/gehalten
werden/Da er aber ſo viel zeits nicht nottürfftig/ſol
len die Procuratorn alſdann in accuſationibus contu
maciarum in jren ſachen procediren.

¶ Dieweil dann auch von wegen der Fiſcaliſchen
audientz

an die weyen/fürderlichen procedierens vnd expedition
in den rechtlichen sachen/mehr beysitzern/procuratorn/
cantzley vnd andere gerichts personen anzunemen von
nöten seyn würdt: So setzen/ordnen vnd wöllen wir/
das zu den vorigen zwey vnddreyssig beysitzern/ noch
ein beysitzer an vnserm Cammergericht auff den zwey
ten oder dritten May nechst künfftig presentirt/ vnd
auff sechs jar angenommen werden sollen.

¶ Nemblich wöllen wir alß Römischer Kayser
noch einen Graffen oder Freyherren zu den vorigen
zweyen ebner massen qualificirt/verordnen vñ presentiren: vnd sollen vnsere vnd des heiligen Reichs Chur
fürsten von den vbrigen acht personen zwo/ vnd die
sechs Krayß: wie Anno/ꝛc. Sechtzig sechs/auch ein jeder eine vnserm Cammergerichte/ doch an eines jeden
stat zwo oder drey inhalt der ordnung qualificirte per
sonen (darunder Cammerrichter vnd Beysitzern/nach
gepürlicher erkündigung/wie hernach weiters volgt/
die waal haben) presentirn/ vnd in dem diese anord
nung thun sollen/ daß sie allesampt auff den zweyten
oder dritten May nechstkünfftig zu solchen ämpter zu
gleich kommen/vnd eyntretten mögen.

¶ Nachdem aber bey diesem puncten / von presen-
tirung der sechs newen Beysitzern/ die Osterreichische
vñ Burgundische abgesandten anregung gethan/ welcher masse die Osterreichische vñ Burgundische erblan
den auch

Abschiedt zu Speyer

genden zinstag in appellation sachen procediren, gleichs
fals auch die ordinari vnd extra ordinari audientzien
so wol in den appellation, als simplicis querelæ sachen/
wie vor/vermög der ordnung abwechsseln.

(...)
(...)
(...)
(...)

¶ In den appellation audientzien sollen auch
causæ nullitatum restitutiones in integrum widereingang
ne vrtheiln vnd pfandungen/ aber in den andern audientzien simplicis querelæ genant/ sollen auch fractæ pacis
vnd alle andere sachen tractiert werden/ Doch soll vnsern Commissarien/ vnd der Stände Visitatorn/ so zu
nechster visitation abzuordnen/ darin fernere gleiche
aufthailung zumachen/ hiemit macht vnd befelch geben seyn.

¶ Es sollen auch die Fiscalische audientzien am
sambstag wie bißdaher vor mittag zu sommerzeiten
von sieben vhren biß zun zehenen/ aber im winter/ von
achten biß zum zehenen/ so lang er zu handlen/ gehalten
werden/ Da er aber so viel zeits nicht notturfftig/ sollen die Procuratorn alßdann in accusationibus contu-
maciarum in jren sachen procediren.

¶ Dieweil dann auch von wegen der [...]
audientz

an die vrthail/fürderlichen procedierens vnd expedition
in den rechtlichen ſachen/mehr beyſitzern/procuratorn/
cantzley/vnd andere gerichts perſonen anzunemen von
nötten ſeyn würde: So ſetzen/ordnen vnd wöllen wir/
daß zu den vorigen zwen vnd dreiſſig beyſitzern/noch
nem beyſitzer an vnſerm Cammergericht auff den zwey
ten oder dritten May nechſt künfftig preſentirt/ vnd
auff ſechs jar angenommen werden ſollen.

¶ Nemblich wöllen wir alß Römiſcher Kayſer
noch einen Graffen oder Freyherren zu den vorigen
zweyen ebner maſſen qualificirt/verordnen vñ præſen
tiren: vnd ſollen vnſere vnd des heiligen Reichs Chur
fürſten von den vbrigen acht perſonen zwo/ vnd die
ſechs Krayſ: wie Anno/ꝛc. Sechtzig ſechs/auch ein ie
der eine vnſerm Cammergericht/ doch an eines ſeden
ſtat zwo oder drey inhalt der ordnung qualificirte per
ſonen (darunder Cammerrichter vnd Beyſitzern/nach
gepürlicher erkündigung/wie hernach weiters volgt/
die waal haben) preſentirn/ vnd in dem dieſe anord
nung thun ſollen/ daß ſie alleſampt auff den zweyten
oder dritten May nechſt künfftig zu ſolchen ämpter zu
gleich kommen/vnd eyntretten mögen.

¶ Nachdem aber bey dieſem puncten / von preſen
tirung der ſechs newen Beyſitzern/die Oſterreichiſche
vñ Burgundiſche abgeſandten anregung gethan/wel
cher maſſe die Oſterreichiſche vñ Burgundiſche erblan
den auch

Abschiedt zu Speyer

den auch zu solcher presentation/ vermög der Camer-
gerichts ordnung/ interesse haben/ als ist diese vergleis
chung zwischen den Stänben gemacht/ daß vorbe-
stimpte sechs Krayß dißmahln die sechs newe Beysitzer presentiren sollen.

¶ Wann aber künfftiglich sich zu trüge/ daß die
zähl der Beysitzer/ vmb zwo oder mehr personen zu-
mehren/ soll Osterreich vnd Burgundt als dann in
präsentando für andern bedacht werden/ oder auch da
einer oder zwen auf diesen neuwen sechs Beysitzern/
innerhalb obbestimpter sechs jarn/ durch gepürlich zugelassen auffkunden/ absteben/ oder absterben wür-
den/ an derselben stat andere zu presentiren haben.

¶ Da dann von diesen bayden oder auch den andern neuwen vier Beysitzern/ einer oder mehr ire ständ-
be gepürlicher weiß wie erst angeregt/ auff kunden/
oder mit todt abgehn würden/ alßdann sollen derselben ferrere präsentationes vnter gemeldte acht Krayß
sen successiue vmbgehn/ vnd der Krayß/ dessen stellam
lengsten vacirt/ jedes mahl zu ehister presentation gelassen werden.

¶ Vnd ob wol in mehr angezogner vnser Camer-
mergee

mer gerichts ordnung im 9. vnnd 10. titul/ part X. der gepürt vernehen/ wie die jenige personen/ so von deß präs-
sentierenden Standen oder Anweisen präsentiert worden insonderheit qualificiert seyn sollen/ Dieweil aber
in disem der ordnung nicht allerding nach gesetzt/
nicht on nachtheil vnd verkleinerung vnserer Kayserli
chen Justicien, So sol hiemit Cammerrichter vnd Beysitzern aufferlegt vnd befohlen sein/ der presentirten
redlichait/ geschicklichhait vnd andere requisiten hinfürters mit etwas mehrer gewißhait zuuorderst zu-
erkündigen/ auch sonderlich mit anhörung einer rela-
tion in beschloßner sachen/ vnd also das eben jenigen/ so
aller ding genugsamb vnd für dem ambt gnugsam qualificirten geschicket/ vnd sonsten qualificirt befunden/
auch andern fürzusetzen/ vnd zu erledigtem stande
kommen zulassen.

¶ Sintemal dann die vielfaltige veränderung
der geübten vnd gelehrten Beysitzern/ vnserm Cammergericht so wol verkleinerlich als schädlich/ damit
dann solche personen desto geneigter seyn/ berürtem
Cammergericht mit beharrlichem guten willen beyzu-
wohnen/ Haben wir vns mit gemeinen Stännden/
vnd den abgesandten räthen vnd botschafften/ vnd
sie hinwider sich mit vns verglichen/ welcher massen
den Beysitzern jre ordinarj besoldung zuuerbessern.

¶ Derhalben setzen/ ordnen vnd wöllen wir/ daß

einem

einem jeden Grauen oder Freyherren acht hundert gül=
den (den gulden zu zehen paꜩen gerechnet) aber den
andern Beyſiꜩern/einem jeden ſibẽhundert gulden (zu
fünffꜩehen paꜩen den gülden zuerlegen) zu ihrer jårli=
chen ordinarj beſoldung von den nechſtkünfftigen er=
ſten May/Anno ꝛc. Sibenꜩig eins/vnd alſo hinfür=
ters auff der ordinarj vnderhaltung vnſers Cammer=
gerichts/gehen vnd beꜩalt werden ſollen.

¶ Demnach zu vnderhaltung der neun ankom=
menden neuwen Beyſiꜩern/auch nechſt gemelter erhö
hung aller Beyſiꜩern/vnd dann etlicher andern vnden
benanten gerichts angehörigen perſonen beſoldung/
wölle wir auff beſchehene bewilligung gemeiner ſtån=
de vnd der abgeſandten hiemit ſtatuirt vnd geordnet
haben/das ein jeder Standt vmb den dritten theil ſei=
ner anlag zu gemeldts Cammergerichts gewönlichen
vnderhaltung/wie auch Anno ſechꜩig ſechs beſchehn/
hiemit erhöcht/vnd ſo viel mehr: als baldt nach publi=
cirten jeꜩigen abſcheidts hinfüro zu beꜩahlen ſchüldig
ſeyn ſoll.

¶ Vnd die weil nicht nötig/das zu jeder gerichts
tag nach mittag alle beyſiꜩer (ſo in der anzal nunmehr
ein vñ vierꜩig ſeyn werden) zu abhörung der beſcheid
vnd vrtheiln im Rath zunorderſt/vñ darnach hinauff
zur audienꜩ ſtubẽ zu eröffnung derſelb erſcheinẽ/wöl
len wir vnſerm Camerrichter hiemit befolen haben/die
anordnung vnder den beyſiꜩern zu machen/das jedes
mal vñ den andern tag nur der halb theil dahin kome:
vnd aber die andern irem prothocolliren vñ erwögung
der

der acten alternatim abwarten mögen / Doch sollen die
referenten sampt denen / so bey verfassung der vrtheiln
oder beschaid gewesen / jeder zeit zu abhörung derselben zugegen seyn / Aber im sitzen mögen die Grauen
vnd Freyherzn mit einander abwechsseln / vnd der andern beysitzern sollen nur vier in den audientzien sitzen
bleiben:

¶ Sintemahl auch die zeit der audientzien den
partheyen / jre notturfft fürzupringen / zu steht vnd gepürt / vnd demnach / da jnen dieselbigen benommen oder
abgekürtzt werden sol / eben so viel / ob jnen die iusticia
zum thail verwaigert / zu achten / welches dañ auch eine fürneme vrsach zu verlengerung der gerichtlichen
processen ist: Derhalben ordnen vnd wöllen wir / das
Cammerrichter vnd beysitzer jedesmal in punct primæ, als bald es geschlagen / hinnauff zur audientzien
gehen / vnd sich durch keinrley vrsachen daran verhin-
dern lassen sollen / Da auch etliche vrtheilen oder beschayd nicht abgelesen / sollen dieselbige vnuerleßne biß
zu volgender audientzien eyngestelt werden / Darumb
auch vnser Cammerrichter ernstlich verschaffen soll / das
die beysitzer zum halben thail alternatiue / wie oben ge-
meld / vor halbe eine in gewönlicher rathstuben zu abhörung der vrtheiln vñ beschayd / veemög nechster vi-
sitations abschiedt: gleichsfals die prothonotarien
vnd notarien mit jren vrtheil prothocollen gefaßt erscheinen / vnd was zu publiciren / alßbaldt ablesen.

Æ ij   Vnserm

Abschiedt zu Speyer

¶ Unserm Kayserlichen Fiscal / so numehr der
täglichen audientzien wegen auch mehr arbeyt haben
wurdet / sollen auch sieben hundert gülden / gleichsfals
seinem aduocaten vier hundert gülden versolt werde.

¶ Wie auch leichtsamb zuermessen / da man tägs
liche audientzien halten / vñ also die sachen vil geschwin
der naher gehn werden / daß mehr procuratorn zuhals
ten von nöthen: Als wöllen wir unserm Cammerrich=
ter vñ den beysitzern mehr procuratorn / biß auff sechß /
anzunemen zugelassen haben.

¶ In unsers Cammergerichts cantzelleyen würdt
die arbeit hinfürter sich auch duplieren: Darumb ord=
nen vnnd wöllen wir / daß durch unsern Neuen / den
Ertzbischoffen vñ Churfürsten zu Meyntz / als Ertz=
cantzlern / zu den vorigen cantzley verwandten / souiel
von nöthen / noch ein oder zwen geschickte prothono=
tarien / notarien / auch lesern angenommen werden sol=
len / Darumb auch zu underhaltung solcher personen /
soll hinfüro die gewönliche tax in der cantzelleyen zum
vierten pfennig erhöhet / vñ also bezalt werden.

¶ Es soll auch zu den vorigen noch einer zum pe=
dellampt

dell ampt angenommen / vnd einem jeden sechtzig gül=
den für besoldung geben werden.

¶ Den Cammergerichts potten / von wegen deß
texirung / sollen auch auf der gewönlichen vnderhal=
tung einem jeden zwen vnd zwantzig gülden erlegt
werden.

¶ Als wir dann auch auß obangeregten visita=
tion abschieden vnd relationen berichtet / wie bey die=
sen vnfriedsamen zeitten des mutwilligen vnnöhtigen
appellirens wegē die rechtliche sachen an vnserm Kay
serlichen Cammergericht sich auch nicht wenig heufen /
auch vielmahln mehr vnkostens auff die sachen / als sie
wehrt seyn mögen / getrieben werden: Darumb diesem
so viel müglich zu begegnen / haben wir nach angehör=
tem der Chur vnd Fürsten / auch gemeyner Stånden /
vnd der abgesandten råthen vnd pottschafften / råth=
lich bedencken / vns mit jnen / vnd sie sich mit vns vergli
chen / Setzen / wöllen vnd ordnen darauff / daß hinfürо
an vnserm Kayserlichen Cammergericht keine appella=
tion sachen / da die klag vnder hundert vnd fünfftzig
gülden haupt guts wåre / angenommen werden sollen.

¶ Was aber vnablößliche gült / zinß / oder mumüg an
langt / setzē vnd wölle wir / daß sechs gülde jårliche / vñ

E iij   was

Abschiedt zu Speyer

was darüber/Summa appellabilis seyn soll: aber was
darunter/ dauon soll nicht mögen appellirt werden:
auß genomen da die gült/zinß oder nutzung der öbrig=
keit anhengig:oder aber da der wegen auff das verfal=
len aigenthumb/ vel quasi. so obgehörter summa ge=
meß oder darüber wehrt/geklagt würdt/dann in de=
nen/wie auch in andern fellen/ soll es bey der ordnung
bleyben.

¶ Damit aber die vnderthanen nicht rechtloß
gelassen würden/ soll ein jeder sein vnder oder hoffge=
richt mit verstendigen vrtheilern besetzt halten/ auff
das daselbst den partheyen zu recht vñ pillichkeit ver=
holffen werden möge.

¶ Ebner massen solles auch gehalten werden/
da man auff die nullitet principaliter, oder pro restitutio=
ne in integrum, wider ergangnen vrthail klagen vnd
procediren wölle.

¶ Wir setzen/ ordnen/ vnd wöllen auch/daß alle
Stände vnd öbrigkeiten jre von vns erlangte prjuile=
gien, de non appellando, in sondern fallen/ ꝛc. vnser
kaysers

Kayserlichem Camergericht/ da es alberait nicht be-
schehe/ innerhalb sechs monat von dato diſes abſchiets
in originalibus inſinuiren ſollen/ damit vnſer Commer-
richter vnd beyſitzern ſich darnach in erthailung der
proceß/ vnd ſonſten darauff der gepür zuuerhalten
wiſſen/ Vnd ſollen ſolche inſinuirten in ein pergamen-
buch durch die leſern vmb gepürliche belohnung abge-
ſchrieben/ auch die ſumma vnd andere qualitates, derhalben nicht zu appelliren/ in ein gemein tafel ſummarie an-
notiert/ vnd in der vndern ratſtuben angehengt wer-
den/ Darin die beyſitzer jederzeit der nothturfft nach
ſich zuerſehen.

¶ Vnd nachdem vns fürkommen/ daß auch an
vnſerm Kayſerlichen hofgericht zu Rotweyl allerley
vnrichtigkeyten eynriſſen/ viel exemte Stände vnd
vnderthanen/ vnangeſehen vnſerm hofrichter vnd vrtheylern der exempten priuilegien inſinuirt vnd be-
wuſt/ dannoch dahin citiert/ mit vergebenlichen pro-
ceſſen vnd vnkoſten bemühet/ auch ſonſten kein ordentlicher proceß mehrer thails gehalten werde/ zc. Daher
auch viel appellationes an vnſer Kayſerlich Camerge-
richt erwachſſen/ die proceß vnd vrtheil vielmaln caſ-
ſirt werden. Alß haben wir vns gegen gemeine Stände vnd den abgeſandten gnedigſt erklärt vñ erpotten/
vorgemeldt vnſer Rottweyliſch hofgericht durch vnſere anſehenliche verordnete Commiſſarien noch vor dem
erſten May nechſtkünfftig viſitirn zu laſſen/ vnd ver-
ſchaffen/ daß es mit verſtendigen vrtheylern beſetzt/
der proceß vñ gerichts ordnũg gepeſſert/ auch niemand
wider habende eximirende priuilegie/ da jnen diſelbige
einmahl

einmahl insinuiret / oder sonsten bewust seindt / citirt /
vnd sonderlich das wort / Schifft / weiters in specie,
wasserley sachen darunder begriffen / declarirt wer=
den soll.

¶ Wir wöllen auch hiemit gesetzt vnd geordnet
haben / das kein standt / oder seine vnderthanen absor=
dern lassen / eynigem klager gleit wider recht / sonder
allein zum rechten zu geben schuldig seyn soll.

¶ Da dann auch eyniger Standt sonderbare be=
schwerden oder, mängel ab berürten Rottweylischen
gericht anzuregen / daselbig magen in mittelst vns oder
vnsern künfftigen Commissarien zur visitation / darü=
ber gepürliche eynsehens zu begern / vberschicken.

¶ In den appellation sachen werden die parthey=
en an vnserem Cammergericht / auch vielmahln vnd
des willen / das den appellanten auff ir ansuchen / auch
auff insinuirte compullorialn die acta gar nicht / oder
doch vielmahln mangelhafft von Stånden oder vn=
derrichtern wirt werde / auff etlich jarn auffgehalten:
Darumb haben wir vns mit den anwesenden Chur=
fürsten

fürsten/ fürsten vnd Ständen/ auch der andern räh=
ten vnd pottschafften/ vnd sie sich mit vns entschlossen/
als wir dann hiemit setzen vnd wöllen/ daß die Stän=
de oder vnderrichter/ von deren vrtheilen an vnser
Cammergericht appellirt/ auff der appellanten gepür=
lichs ansuchen/ vnd vil mehr/ da jnen auch die erkendte
compulsorialn insinuirt/ die acta vermög der ordnung/
on alles mangel mit gentzlicher inserirung alles vnnd
jedes/ so wol was vor der vrtheil/ als was darunter
vnd darnach eynbracht/ erkendt/ gehandlet/ oder für=
genommen worden/ gegen zimbliche belonung ediren/
oder aber in die comminirte peen compulsorialium ge=
fallen sein/ auch darin on weitleufftigkeit erbuedt wer=
den sollen.

¶ Wiewol auch in allen wolgeordneten gerich=
ten nicht weniger ob eines jeden löblich herprachten
stylo, als verordnung gemeyner recht/ gangen/ vnd
gleichait in erthailung der proceß durchauß zuhalten
sich gepürt.

¶ Dieweil aber an vnserm Cammergericht durch
vielfaltige veränderung der beysitzern/ auch dessen al=
ter wol herbrachter stylus vnd brauch/ zuuorab in er=
kennung der proceß zu vielmahln geendert/ vnd dar=
neben grosse vngleichait in vielen sachen geprauchet
würde

Abschiedt zu Speyer

würdt/ welches vnser Kayserlichen iusticien zumahl
verkleinerlich/ auch den Stånden vnd partheyen hoch
beschwerlich.

¶ Derhalben auß rathlichem bedencken vnd vergleichung gemeyner Stånde vñ der abgesandten/ wöllen wir hiemit Cammerrichter vnd beysitzern aufferlegt vnd gepotten haben / hinfåro den löblichen alten
prauch vnd stylum vnsers Kayserlichen Cammerge-
richts/ wie es jederzeit auff sie pracht/ vnuerendert zu-
lassen/ sondern demselben so wol in decernendis procels-
bus, als decisionibus causarum, zuvolgen.

¶ Damit aber alle verånderung vnd vngleichait
künfftiglich vorkommen werden möge/ Ordnen vnd
befehlen wir vnserm Cammerrichter / etliche beysitzer
in sonderheit zuuerordnen/ so die substantial qualitates
darauff die proceß/ es sey in erster oder anderer instantzien zu erkennen (zuuorab in sachen fractæ pacis, pfan-
dungen/ mandatorum sine clausula, inhibitionum, citatio-
nis contra plures correos diuersi fori, vnd dergleichen/ so
tåglich fürkommen) zusammen tragen sollen/ darnach
in pleno senatu referiren/ darauff sich das collegium eines einhelligen prauchs vnd alten styli in fundirung
vnsers Cammergerichts iurisdiction vnd erthailung
der proceß endtlich vergliechen: darneben auch die jenige opiniones, so bey den rechtelehrern gantz strittig/
vnd aber etwan in relationibus causarum mit approba-
tion des gantzen raths angenommen/ mit fleiß colligi-
ren / solches alles in ein sonder prothocoll buch / so
die

die lesern in jrer verwarung haben sollen/ mit vorwissen vnsers Cammerrichters durch einen prothonotarien nur per modum conclusionis beschreiben lassen/vnd in die Meynßische cantzley/durch vns auff nechst künfftige Reichs versamblung/auff rath vnd gutachten gemeiner Stånd/ publiciren zulassen/ schrifftlich verschicken. Gleichwol sollen Cammerrichter vnd Beysitzern in mittelst solcher vergleichnen puncten in decernendo processus, & decidendo causas, sich gemeß verhalten.

¶ Alßdann auch wenig nützt gute satzungen zu machen/ da denselben nicht nachgesetzt/ vnd aber an vnserm Caimmergericht so wol rümblich/als nöthig/ daß zwischen des hailigen Reichs Stånden vnd vnderthanen in gleichen fellen gleich recht vnd proceß erkendt/vnd was einem mitgetheilt/ dem andern nicht verweigert werde. So setzen/ordnen/vnd wöllen wir ferners/da hinfüro in erthailung oder verweigerung der proceß solche vngleichait in ebenmessigen fållen gespürt/vnd derhalben der partheyen anwaldt auß empfangnen befelch weiters vmb gepettne proceß/ mit anregung des herkommen styli oder gleicher erkandter proceß in gleichen fellen suppliciren würd/ Soll Cammerrichter/oder in dessen abwesen der ampts verweser zu solcher anderer supplication/ nicht allein die vorige/sondern noch mehr/als sechs oder acht/oder zehen des herkommen styli erfarne beysitzer deputiren / so darüber consultieren/ vnd mit fleiß darob sehen sollen/

F ij   daß

Abschiedt zu Speyer

daß gleichait gepraucht/vnd einem jeden gleich gepür=
lichs recht mitgetheilt werde.

¶ Da auch in diesem etwan mangel erscheinen/
vnd die gepranchte vngleichait nicht geacht werden
wolte/soll dem supplicanten erlaubt seyn/ seine noth=
turfft den jedes jars nechst von vns verordneten Kay=
serlichen Commissarien vnd visitatorn fürzubringen/
die als dann macht haben sollen/ bericht vnd vrsachen
warumb solche proceß verwaigert/von Cammerrich=
tern vnd beysitzern zuerfordern/ vnd nach befindung/
entweder den supplicantē von seinem begern abzuwei=
sen/oder aber da seine pitt begründet/ Cammerrichter
vnd Beysitzern zu befehlen/ dem supplicanten auff fer=
ner ansuchen gepetne proceß mit zu theilen.

¶ Vnd auß sondern erwognen vrsachen/ ord=
nen vnd befehlen wir Cammerrichter vnd Beysitzern/
wann vmb proceß supplicirt würdt/vnd der referen=
ten ermessen nach an den narratis oder petition etwas
mangels seyn soll/ welches vom supplicanten durch
weiter suppliciren leichtsam verpessert werden möcht/
daß sie alßdann den gewönlichen alten stylum (auff
fürprachte narrata abgeschlagen) oder (wie gepetten)
abgeschlagen/oder dergleichen in verfassung der decre
ten jederweil obseruiren vnd volgen sollen.

Ob

¶ Ob wol auch bey Cammerrichter vnd Beysitzern ein weil bedencklich geweſen/dain appellation ſachen terminus reproducendi citationem in die ferien eyn-
gefallen/vnd aber nach den ferien die zeit der ſechs monat oder terminus hominis von vorigen richter ange-
ſetzt/ſchon abgelauffen wår/ob die appellatio für de-
ſert zu achten/vnd darumb der appellant mit ſeiner reproduction nicht mehr zu hören? Doch dieweil in dieſem ermeſſen würdt/daſ der appellant ſeinen gepürenden fleiß angewendt/auch zeits gnug zur reproduction
vbrig gehabt/da er nur vom Cammerrichter vnd der
ferien wegen daran nicht verhindert worden wår:
Darumb ordnen vnd ſtatuiren wir/daß ſolche eynge-
falne impedimenta zur reproduction keinem appellantē
nachtheilig ſeyn/vnd alſo keine deſertion operiren/ſon-
dern daſ die ladung nach endung der ferien ſoll vnd
mag vom appellanten reproducirt/vnd darauff/wie
recht/procedirt werden.

¶ Ferners ſtatuiren vnd ordnen wir/daß auch
zu mehrer abkürtzung der proceß hinfürters den ſondern mandaten/ſo on clauſula iuſtificatoria impetrirt/
ladung ad videndum ſe declarari,&c.(ſo biß anher ſcor-
ſim aufpracht) zugleich angehengt/vnd verfertiget
werden ſolle.

¶ Auf waſſen pillichen vrſachen/die wucherli-
che contract (ſo jeder zeyt im Reich groſſen vnrath
vnnd verderben angericht) in gemeynen rechten/
ſ iij   vnd

vnd etlichen vnsern Reichs abschieden verpotten/ist
vnnötig zuerholen: Derhalben wir Cammerichter
vnd beysitzern befohlen haben wöllen/ in solchen sa=
chen/ was einmal statuirt vnd verabschiedet/ in kein
feiner nachdenckens zuziehen.

¶ Wann auch die arresta, wie die represalien ge=
neraliter im rechten verpotten/ beuorab da auff ange=
pottne caution iudicio sisti, & iudicatum solui, dieselbige
nicht wöllen relaxirt werden/ welches ja so beschwer=
lich/ als das thätlich pfänden zu achten/ Demnach ha=
ben wir der Churfürsten/ Fürsten vnd gemeiner
Ständ/ auch der abgesandten räthlich gutachten dar=
rüber angehört/ vnd vns mit jhnen verglichen: Se=
tzen/ ordnen/ vnd wöllen/ daß in solchen fällen/Da ei=
ner dem Reich on mittel vnderworffen/durch sich selbst
oder die seine/einem andern dem Reich gleicher gestalt
ohn mittel vnderworffen/ dessen güter vnd vndertha=
uen/ oder deren güter arrestiren würd/ vnd solch ar=
rest auff angepottne gepürliche caution, de iudicio sisti
& iudicatum solui, nicht wölle vffgehebt werden/ daß
alsdann solcher arrestirter am Kayserlichen Cammer=
gericht auch mandat ohn clausul mit angeheffter la=
dung/ad docendum se paruisse, vel ad videndum, &c. sol=
len vnd mögen gepetten vnd aufpracht werden: Da
dann demselben mandat gehorsamb gelaistet/ soll die
hauptsäch/ darumb das arrest angelegt/an ordentlich
recht/wie sich gepürt/aufzuführen remittirt/vnd hin=
gewisen werden.

In

¶ In vnsers Cammergerichts ordnung part. 2.
rit. 4. Versf. (Zum achten /ꝛc.) da geordnet/ welcher
massen die Prelaten/Grauen/ꝛc. gegen Chur vnd Fürsten oder Fürstinessigen vor derselben neun rätb sollen
mögen mit recht procediren/ vñ mit eynpringung vier
schafften beschliessen/wöllen wir solchen pas weyters
erclärt/ vñ darzu addirt haben/ das solche neun räthe
auch macht haben sollen/ die beschlofne sach vnd acten
mit bewilligung beyder partheyen auff ein vnparthey
he Vniuersitet vmb verfassung des vrtheils zu schie-
den/doch sollen sie das verfast vrtheil in jrem selbst na
men eröffnen vnd auffsprechen.

¶ Welcher massen einem jeden procurator auff
seines gegentheils handlung zeit der ordnung seine.
nothturfst dargegen eynzupringen gepürt/ist in angeregter ordnung gnugsamb versehen/ Wiewol nun ein
gute zeit hero keinem theil zeit der ordnung sine præ-
dicial cômination zu gelassen/dardurch man verhoffte
die sachen zubefürdern/ vnd die zeit etwas zu gewin-
nen. Nachdem aber dardurch viel onzehliche submissio-
nes, complitungen der prothocollen vnd acten relatio-
nes, beschaidt/prorogationes, vnd petitiones vmb resti-
tution / ꝛc. verursacht/ auch die vmbfragen mehrer
theils confundirt/ vnd die zeit zu den ordinarj handlungen vielmaln verzert: Alf ordnen vnd wöllen wir/
das ein jeder procurator auff seine handlung oder re-
gist/seinem gegentheil zeit der ordnung on submission zu
lassen/welche jme auch damit finaliter angesetzt sein sol/
aber darnach/da derselb contumacirt worde/sol jm der
ander termin nach beschaffenheit der sache vñ partheyē
geraumlich

Abschiedt zu Speyer

geraumlich oder enger cum comminatione præiudiciali,
angesetzt werden.

¶ Doch in fällen/da die ordnung kein andere zeit/
dann den nechsten mündtlich zubeschliessen zu gibt/soll
hierdurch nichts geendert/sondern derselben maszwe,
gen gelebt werden.

¶ Wiewol auch vermög gemeiner recht/vnd ob
angezogner ordnung einem jeden kläger oder appellan
ten seine klag summarj oder articulirt fürzupringen/
frey stehet: Sintemal aber von Churfürsten/Fürsten/
vnd gemeinen Ständen/sampt den räthen vnd pott,
schafften auf sondern erwognen vrsachen für gut an
gesehen daz zu mehrer schleunigkeit der rechtlichē pro
cessen einem jeden/so seine klag articuls weiß auch dar,
zuthun fürhabens/keine summarj/sonder alßpaldt
articuliert eynzugebē schuldig sein sol/Haben wir vns
mit jren ferners verglichen/wöllen vnd statuiren hie,
mit/daß numehr in allen sachen simplicis querelæ, oder
appellationum, ein jeder kläger oder appellant/so seyne
klagpuncten oder grauamina zu articuliren bedacht/
keine summarj klag/sondern zu gleich articulirter waß
stellen/vnd in primo termino eyngeben lassen soll/ oder
aber es soll jhm der weg zu articuliren darnach præ
cludirt seyn.

Demnach

¶ Demnach sollen auch die gewönliche termin/ so wol erster als anderer instantzien etwas geendert vnd eyngezogen werden/ Alß nemblich/ da der kläger seine articulirte klag eynpracht/ sol beklagter im zweyten termin seine declinatorias, oder andere exceptiones, dardurch das recht differirt/ oder die Kriegsbefestigung verhindert werden solle/ zu produciren/ darneben in scriptis litem euentualiter, oder aber da dergleichē eynreden keine beuor/ litem pure zu contestiren/ auch zugleich seine außzüg mit angehefften antworten in euentum auff die articuln/ vnd dann sein peremptorial oder defensional articuln/ da er eynige hett eynzupringen schuldig sein/

¶ Da aber kein articulirte/ sondern nnr ein summarj klag eynkommen/ soll beklagter im selbigen zweyten termin/ neben seinen declinatori oder andern dilatori eynreden/ auch in euentum das recht in scriptis zu befestigen/ darzu seine gegenwörtliche articuln/ wie nechst auch vermeldt/ zu produciren verbunden sein: darauff dann ferners vnd samptlich vermög der ordnung verfaren werden sol.

¶ Aber in appellation sachen/ da vom bey vrtheyl/ so nicht krafft eines endvrtheils hett/ appellirt worden wäre/ soll es bey der ordnung/ wie im 31. tit.

G   Verf:

Verf: (Vnd sofer: von einer/ꝛc.) im ditten theil
versehen/zulassen seyn/Darauff alßdañ inhalt folgen=
den 32. tituls weiters zuuerfaren/doch da der appellat
contra formalia oder deuolutionem, oder andere verzüg=
liche exceptiones fürzuwenden/ soll er demselben jeder=
zeit seine euentual litis contestation auch anhencken.

¶ Sonsten in andern appellation sachen/da der
appellant seine grauamina articulirt fürpracht / soll
der appellat auff den zweyten termin/nicht allein was
er contra formalia appellationis, oder contra deuolutio=
nem, oder sonsten an verzüglichen einreden anzuregen/
fürpringen/ sondern auch in scriptis euentualiter litem
contestiren/seine aufzüg gegen die articulirte grauami=
na sampt den euentual antworten vnd gegenwörtichen
artickln/oder was jme derwegen gepüren sol/zugleich
vbergeben/oder aber da er zumal keine aufzüg anzure=
gen/nebē der litis contestation, auch auff die grauamina
respondiren/vnd andere notturfft/wie nechst gehört/
produciren/darauff auch alßdann ferners/vermög der
ordnung/zu procediren.

¶ Da aber nur ein summarj appellation klag vber=
geben/ sol der appellat darauff auch im andern termin
in maß

in maffen nechft erzelt/doch aufgenommen/ was von
den graminibus difponirt/handlen.

¶ Aber in fellen/da der appellant nichts newes
rumptingen/sondern nur acta vorgehender instantzien
loco graua minum erholen würde/soll darauff vermög
der ordnung/wie vor/volnfahren werden.

¶ In puncto attentatorum/ die da newerungen
abzuschaffen/in gleichnuß in puncto inhibitionis/da pœ-
næ declaratio gepetten würdt/ soll man hinfüro auch
keinen procuratorn/ sondere litis contestation noch proceß zufüren verstatten/ sondern nur iudicis officio im-
plorato, die attentata oder contrauention articuliren/
oder sonsten zur probation oder beschluß dieses pun-
ctes/ inhalt der ordnung fürderlich verfahren lassen.

¶ Die Commiffarien vnd was darzu nothtürf-
tig/ sollen auch neben den beweiß articuln/ durch sondere supplication/ oder aber darnach coram deputatis
mündtlich benandt vnd gepetten werden/da dann gegentheil dawider zu excipiren/ oder aber dareyn bewil

G ij   ligen

ligen wölle / soll solches entweder neben den antworten in scriptis oder auch coram deputatis beschehen / dar
selbst dann auch zum beschluß procedirt werden soll.

¶ Was vnd wieviel den abgehörten zeugen oder
deren außsagen zu glauben / steher mehrer theils bey
der Richter ermessen: Sintemal aber zum offtermahl
darüber viel vberflüssige wechsselschrifften nur zur
verlengerung deß proceß eynkommen / wöllen wir
auff gut achten gemeiner Stånden vnd der abgesandten hiemit statuirt vnd verordnet haben / daß ein jede
parthey auff die publicirte attestationes nur zwo schriff
ten eynpringen / vnd damit in diesem puncto beschlies-
sen soll.

¶ Wie oben in puncto commissariorum disponirt /
also soll auch vor den deputirten in puncto tutorum
oder curatorum zum beschluß procedirt / vnd demnach
auch vor denen in disen vnd andern sachen coram deputatis gehörig / contumacirt werden.

¶ Vnd als der gewalt halben hiebevor auch viel
disputationes erregt / dardurch die proces offtermahlß
verzüglich auffgehalten / damit dañ jederman wissens
haben

habē möge/ welche substantial clausuln zu einem jeden
gewalt nothwendig/ seind der selben retliche formularia
zu endt dieses abschiedts getruckt/ darnach man sich in
fertigung der gewalt zuuerhalten hab.

¶ Nach dem auch in gemeinen rechten gnugsamb
versehen/ welcher massen/ vnd wie ferr ein jeder an-
waldt/ da er der gepür mit gewönlicher clausul iudicatum solui, vnd andern constituirt/ darauff sich zu recht
eyngelassen/ vnd litis dominus worden/ in den sachen zu
verfahren schüldig/ Als ordnen vnd wöllen wir/ daß
die procuratorn solcher rechtlicher disposition nach in
jren sachen/ inhalt der ordnen procediren/ vnd sich aller verzüglichaiten enthalten sollen.

¶ Weitters wöllen wir allen partheyen vnd deren anwälden hiemit aufferlegt haben/ jre original vr-
kunden/ so häuffig in vnsers Cammergerichts gewölben verhalten/ vñ vber vnsere Año/ic. Sechtzig sechs
jüngsthien zu Augspurg auffgerichten abschiedt im
Derf: (Vnder andermist fürkommen) beschehene
verwarnung zu jhren handen nicht wider genom-
men/ nachmahln widerumb zu erfordern/ sonsten da
sie in diesem seumig/ vnd angeregte vrkunden darüber
G iij schaden

Abschiedt zu Speyer

schaden leyden würden / sollen sie dasselbig niemandt
als jnen selbst zu messen / Darneben sol unser Cammerrichter auch macht haben / einem jeden anwaldt seine
hinderlegte originalia, deren man beym gericht nicht
nothtürfftig / auch bey sondere peen in benandter zeit
abzuholen zugepieten.

¶ Auß sondern ansehenlichen ursachen ist in der
ordnung / auch im abschied Año / rc. Sechtzig sechs / für
gut und nöhtig angesehen / welcher massen zu unsers
Kayserlichen Cammergerichts järlicher visitation ein
Fürst oder Fürstmessige person selbst / bey peen drey
tausend goldtgülden auff den ersten tag May gewißlich erscheinen / und solcher neben unsern Commissari-
en vñ anderer Ständen abgeordneten visitatorn bey-
wohnen solle. Dieweil aber vergangner zeit etliche
Fürsten zur visitation beschrieben / dannocht aussen-
plieben / und derenewegen die auffgesetzte peen als etwas zu gering nichts geacht worden / So wöllen
wir auff beschehene vergleichung / mit anwesenden
Churfürsten / Fürsten / und gemeinen Ständen / auch
der andern abgesandten weiters statuirt und geordnet haben / Wann der zur visitation beschribner Fürst
oder Fürstmesig in der person selbst / noch auch durch
keinen andern Fürsten oder Fürstmessigen ahn seine
statt zur visitation vermocht / nicht erscheinen würde /
so soll derselb damit fünff tausendt goldtgülden / wie
auch ein jeder von den andern zur visitation erforder-
ten Ständen / da derselb kemen qualificirten dahin ab-
geordnet hette / damit ein tausendt goldtgülden / zu

unders-

underhaltung unsers Cammergerichts on alles expi-
ren/entschüldigen/oder widerreden/unnachlässig zu
entrichten/ und zu erlegen schuldig seyn/ auch unsere
Commissarien und andere visitatorn unserm Fiscal zu
eynpringung derselben/ alßpaldt mandato executoriali
zu procediren befehlen/ und gleichwol in der visitati-
on/ unangesehen kein Fürst oder Fürstmessiger zu ge-
gen/ doch so fert sonsten uber drey von allen beschrieb-
nen visitatorn nicht aussen bleiben würden/ vermög
der ordnung und Reichs abschieden procediren: Im
fall aber darneben auch ein reuision oder sindicat fürzunemmen seyn sol/ wölle wir zu solchem wichtige werck
es bey voriger disposition unserer Cammergerichts
ordnung auch unverendert lassen.

¶ Dieweil dañ auch ja pillich/ daß die jenigen/
so andere visitiren/aller ding auch nicht weniger qualificirt seyn sollen/ Setzen und wöllen wir/daß die visi-
tirende Stände jedes mals ihre ansehenliche/redliche/
gelehrte/ geübte räthe und Syndicos zur visitation
schicken/ und sonsten kein andere darzu gelassen wer-
den/ Darneben ehe uñ zuuor die abgeordnete Kayser-
liche Commissarien und visitatorn zur visitation der
personen schreyten/ diese gepürliche erinnerung und
vermanung under jnen beschehen solle/alles das jenig/
was in solcher visitation der personen wegen erkündi-
get/tractiert und d verzichtet/bey sich in der geheimb zu
behalten/ und niemandt anderß alß uns/ oder jhrer
obrigkeit/daher ein jeder abgefertiget / zu referiren.
Wann

Abschiedt zu Speyr

¶ Wann vnd wohin vnser Cammerrichter vnd
beysitzern das gericht / da diß orth zu Speyr sterben
oder kriegßleufft eynfallen würden / ein weil zu trans=
feriren / ist im andern theil der ordnung tit.34. verse=
hen / Nach dem dann die acten vnd andere ding zu
Speyr in sondern gewölben / von vns vnd dem hailli=
gen Reich verwarlich zu behalten verordnet / Vn aber
da dieselbige dem gericht auch folgen / vnd dahin ge=
fürt werden solten / an dero gewisse vergleyttung vns
vnd gemeinen Stånden / auch den sonderbaren par=
theyen groß vnd viel gelegen / So wöllen wir auß
rathlich bedencken der anwesenden Chur vnd! Fúr=
sten / auch der andern Stånden vnd abgesandten hier
mit statuirt vnd geordnet haben / daß Cammerrichter
vnd beysitzer / da sie solche translation fürzunemen be=
dacht / vns dasselbig zeitlich zuschreiben sollen / Da wir
dann solche translation vns gefallen lassen / sollen sie vn
sern Neuen / den Ertzbischoffen vnd Churfürsten zu
Meyntz / dessen auch zeitlich berichtē / damit seine liebd
vnsers Cammergerichts Cantzley verwalter befehlen
möge / die versehung zu thun / damit die acta, vnd was
weiters nöthig seyn sol / durch die lesern / auch mit hülff
der prothonotarien vnd notarien / annotirt / eynge=
pact / auff bestelte wågen oder zu schiff geladen / vnd
also zu landt oder zu wasser in beysein einer oder mehr
vertrawten cantzley personen / so hierin auch gehor=
samb leysten sollen / an das bestimt ort des transferir=
ten gerichts in vnd mit gepürlicher verglaitung deren !
Stånden / durch deren öbrigkeiten die acta gefürt wer=
den solten / auch sicherlich kommen möchten / doch alles
auff gemeiner Stånden kosten vnd gefaar / welcher
kosten auch jedet weils auß des Cammergerichts vn=
derhaltung vorrath genommen vnd erlegt werden
soll.

Dieweil

¶ Dieweil aber die leufften vnd zeit vngleich/
ordnen vnd wöllen wir weiters/ da man sterbens hal=
ben weichen muß/ daß nicht mehr acta vnd ander ding
dann man zu haltung des gerichts der endts nottürff=
tig/ auch dahin abfüren/ vnd das vbrig in den verord=
neten gewelben verschlossen lassen/ so auch Bürgermei
ster vnd rath zu Speyr jres besten vermögens zu schü=
gen vnd zu beschirmen schüldig sein sollen/ Aber wann
man auß fürstehende kriegs gefärlicheiten das gericht
an ein ander sicher ort ein weil zu transferirn entschlos
sen/ Da man dañ auch daselbst hin durch der anstossen=
den Stånden vnd öbrigkeiten gepiet gnugsame ver=
glaitung gehaben möchte/ sollen alle acta, vñ was dem
gericht zu gehörig/ auch dahien/ wie oben gehört/
transferirt werden: Im fall aber die gefaar so groß/
daß die Stånde vnd öbrigkeiten kein sicher starck glait
zusagen vnd laisten möchten/ So sollen auch alle acta,
vnd was dem gericht zustendig/ daselbst zu Speyr vn
verrückt gelassen/ auch hiemit ernandten Bürgermei=
ster vnd rath solche ding/ wie jr eigne gütter im be=
sten nutz vnd schirm zu haben/ befolhen seyn.

¶ **Wir haben auch ferners** den Chur vnd
Fürsten zu sampt den gemeinen Stånden/ råthen vnd
pottschafften/ zu bedencken geben/ Wie doch die Stån=
de/ landen vnd leut/ dem hailigen Reich nunzein mit hee=
rö von frembden Potentaten gewaltiglich entzogen/
durch fügliche mittel widerumb herzugebracht/ auch
                    ♄   weitter

weittere schmelerung vnd abfall/ verhüttet/ vnd dem
selben fürgepawet werden möchte.

¶ Darauff sie nach gehabter fleissiger deliberati
on bey diesem wichtigen articul vns allerley ersprießli
che mittel vnd wege/ so für die handt zunemen/ angezaigt/ mit angehengten vnderthenigsten begern/ wir
wollen vns/ als dem haupt/ vnd Römischen Kaiser/
diß werck/ wie biß dahero beschehen/ gantz vätterlich
angelegen lassen/ vnd bedacht sein/ wie solich damit dz zu
ehester gelegenhait ins werck zurichten seyn möchten/
darneben sich erpietendt/ neben vnd mit vns/ ein solich
wachendt vnd ernstlich auffsehens zu haben/ auch ein
ander soliche alte deutsche vertrewliche zusamnen se-
tzung zu laisten/ damit vnsere vnd des hailigen Reichs
widerwertigen hertmbliche oder offendtliche thatliche
anschleg vnd für kemen zeitlich gespürt/ gewert/ auch
dargegen vnsere vnd des Reichs reputation, Würde/
vnd macht/ mit lobwürdigen thaten offentlich erzaigt/
erhalten/ vnd gerühmet werden solten.

¶ Welches wir zu sondern Kayserlichen gnaden/
vn danck nemlichen gefallen, von jnen vernommen, wöllen auch mit allen getrewen vätterlichem eyffer vnd
flissenheit daran seyn/ damit der wolbedacht/ erspries
lichen mittel eins/ oder mehr/ so vil jmmer müglich/ zu
gewündschte fürgang erreichen/ vnd das hailig Reich

deutscher nation/unser geliebt vatterlande/so wol an
seinen angezogenen gliedern/landen vnd leuthen ergentzt
alß auch sonsten gemehrt/vnd gegen allen heimblichen
oder gewaltigen thätlicheiten beschützt werden möge/
in dem allem was vnserm Kayserlichen tragendem
ampt mit rath/hülff vnd rettung zuthun obligt/kein
mangel/wie auch bißdaher/er scheinen soll.

¶ Alß wir dann weittere gemeinen Ständen/
vnd den abgesandten fürtragen lassen/Was merckliche
zerrüttung vnd abgang in des hailigen Reichs Matri
cul vnd anschlägen sich eh zeitlang hero ereignet/so alles
auff dem beweißt/daß das hailig Reich an seinen glie
dern nicht allein von frembden potentaten mercklich
geschwecht/sondern auch etliche sich selbst daruon ab=
sondern/viel prelaturn/graff vnd herrschafften/auch
Fürstenthumen/durch allerley mittel daruon entwen=
det/zerthailt/vñ dermassen zertrent/daß man jrer an=
schläg nicht hebig sein kan/sha auch wol gantz auß der
matrical verloren werden: Neben anregung/was vn=
richtigkeiten vnnd abgang auch auß der neher zu
Wormbs geplogner moderations handlung an des
Reichs anschlägen verursacht/Indem/da vil Stände
daselbsten geringert/vnd aber andern/so in der mode=
rierten landen succedirt/dargegen nicht erhöhet/son=
dern das solche moderations handlung/ein gantz vn=
volkommen werck/zu dem würden die exemptiones zu
gar gemein/vñ vielmehr die geringere Stände durch
andere mit der that ex'imirt/vnd doch nicht vertret=
ten/rc. dardurch dem hailigen Reich an seinen gliedern

H ij session

Abschiedt zu Speyer

fession.stimb/vermögen vnd hilff/sne grosse zerrüttung
vnd abgang erfolgen thut/ Daneben wir zu bedencken genedigst begert/ wie die mißregel widerumb er-
gentzt/ vnd in ein richtige ordnung gebracht mit den
möchte/ Darneben die Wormsische moderation handlung zwerfehen/ vnd was an einem getingort/ dem andern inhabern derselben güter zu erstatten/ aufferlegen.
legen.

¶ Da nun die anwesende Churfürsten/ Fürsten/
vnd gemeine Stände/ auch der anbern räthe vnd potschafften von solichen wichtigen puncten in dem mäh-
ren geredt/ haben sie ir wolmeinent bedencken vns dahin eröffnen lassen/ Daß sie es/ so viel die entzogene/
oder abgefalne Stände vnd landen anlangen/ bey iren
nechst obgehörten rathlich ermessen/ vnd darauff von
vns beschehner gnedigster erklärung vnd erbieten bewenden liessen.

¶ Wie aber dißmalen der verwenten prelaturn/
graff vn herrschafften wegen/ ꝛc. gebürliche anschläge
zumachen/ wie auch den beschwerten ferner zu helf-
fen/ vnd andere zu erhöhen/ auch die ienige Stände/ so
andere erkünen wöllen/ zu gebürlicher erlegung der
anlagen zu vermögen/ Daß alles soll in ietziger Reiche
versamblung diß orths nicht gründlich tractiert/ noch
abgehandelt werde mögen/ Sintemal darüber in den
Krayssen gepürliche erkündigungen/ wie die ding allenthalben beschaffen/ zuvorderst eingenommen/ vnd
fürpracht werden müsten.

Wann

Wann dann darneben erwogen / das solche
zertrennung vnd vbzettlung an des Reichs hülffen / vnd
contribuciren in dise beschwerliche zeit nit wenig schadet /
die gemeyne des Reichs notturfft zum höchsten erfordert / ein offt gemeldte matricul einmal zu ergentzen /
vnd richtig zu machen.

So haben wir mit Chur vnd Fürsten / auch
andern Stånden / råthen vnd potschafften / vnd sie
sich mit vns jhres sondern Reichs deputation rats / zu
erkundigung vnd richtigmachung obbaineter geuerter Reichs
matricul auff den ersten July / vnd respectiue den ersten
Augusti des zukünfftigen ain vnd sibentzigsten jars in
vnsern vnd des heiligen Reichs stat Franckfort eyn-
zukommen / volgender gestalt successiue fürzunemen /
dergleichen vnd entschließen.

Demnach setzen / ordnen / vnd wöllen wir / das
alle außschreibende Krayß Fürsten oder Stånde gemeyne Krayßtåge / innerhalb zwayer monat / nach dato dieses abschiedts / in allen vnd jeden Krayssen auß-
schreiben / daselbst dann ein jeder Krayß zwo vnderschiedliche verordnungen machen / deren eine in zeit
dreyer monat darnach volgendt / mit allem gepüs-
tenden fleiß bericht vnd erkündigung eynnemen
solle / Ob vnd welliche glieder oder Stånde demselben Krayß entzogen / oder sonsten abgangen / wohin sie oder deren landen / leuth vnd güter ver-

Abschiedt zu Speyer

wendt/zerthailt/oder in andere wege enteussert/dardurch dem Krayß vnd dem hailigen Reich seine gepürende anlagen vnd hülffen entzogen.

¶ Ferners/da auch einiger Kriegßstandt von seinen landen/leuthen vnd gütter/daher derselb dabevor dem Reich gesteurt/abkommen/vnd derhalben auff fürgewesten moderation tägen ringerung erlangt/vñ aber andern/denen soliche landen/leuth vnd gütter zugefallen/dargegen zu erhöhen seyn sollte/oder auch da etliche Stände jhre beschwerungen/warumb sie zu moderiren/im selbigen Krayß/vermög dessen zu Augspurg Anno Sechtzig sechs publicirten abschieds gern eyngepracht/aber auß zugestandenen verhinderungen nit haben mögen angehört/ noch die gepürende erkündigung eingeholt werden: oder auch an verschickung beschehener erkündigung saumbnuß beuor seyn sol/also daß sie dardurch auff zu Wormbs gehalten moderation tag verabsaumbt.

¶ Soliches alles solle obgerürte erste verordnung von den beschwerdten Ständen anhören/daruber vnd sonsten alle nothwendige gelegenheiten/so zu abhelffung sollicher Krayßstandt beschwernussen/vnd dann was zu ergentzung vnd richtigmachung der matricul

matricul vnd Reichs anlagen dienlich seyn möcht/ inn
verhalb obgesetzter dreyer monat (in massen Añ viertzig
acht/ vnd sechzig sechs zu Augspurg auch ver
abschidet) erforsche/ aigentlich einem/ vnderschied
lich beschreiben lassen/ vnd darnach den andern ver
ordneten zum fürderlichsten vberschicken/ Welche als
dañ damit zu Franckfort auff den ersten Julij/ obenge
melt erscheinen/ vnd in puncto moderationis, gleich wie
in nechst berürten bayden abschieden verordnet/ proce
diren/ handlen/ vnd erkennen sollen.

¶ Was aber die fernere erkündigung zum puncto
ergentzung vnd richtigmachung der matricul/ ꝛc. an
langen thut/ das alles sollen die moderatorn denen am
ersten Augusti darnach erscheinenden Kayserlichen
Commissarien / auch Churfürsten / vnd deputirten
Stånden/ oder deren abgesandten råthen vnnd pot
schafften/ auch zu berathschlagen/ wie hierunden vol
get/ zustellen.

¶ Wo dañ einicher stand ob solcher der verordenten
Moderatorn ringerung oder abschlagũg sich beschwert
zu seyn vermainẽ würde/ sol er macht habe/ dasson als
palt an die am erstẽ Augusti darnach ankonienden vnsere
Com

Abschiedt zu Speyer

Commissarien / Churfürsten vnd andere deputirte
Stände / oder deren räthe vnd pottschafften sich zu be
ruffen / vor denen die vorige eynkommene grauamina
vnd erkündigung / neben einer summari petition schrifft
vnuerzüglich einzubringen / vñ darauff zubeschliessen /
So alßdann darüber ex æquo & bono, an vnsere stat /
zuerkennen in krafft dises abschiedts macht haben sol
len / Darbey es auch in einem oder anderm weg one al
les ferner appellirn / oder ansuchen vmb moderation,
entlich gelassen werden / vnd dessen ein seder hiemit
gnugsam gewarnet seyn soll.

Nachdem vns auch angelanget / wie eeliche
Stände von denen zu Wormbs Anno Sechtzig siben
jüngst ergängnen moderation erkandtnussen / an vnser
Kayserlich Cammergericht appellirt / daselbst dann
solche sachen noch zur zeit vnerörtert schweben / damit
dañ darüber auch desto schleuniger mit rechē pronun-
cijrt / vnd derenthalben die richtigmachung der matri-
culn mit gehindert würde / sollen dieselbige sachen vnd
eynprachte acta dißmahln von Cammerrichter vnd
Beysitzern erfordert / vnd in die Meyntzischen cäntzel-
leyen / biß zu obgemeldten künfftigen deputations tag
verwarlich behalten / daselbst dann vōn vnsere Commissarien / Churfürsten vnd deputirte Stände / oder
deren abgesandte räthe vnd pottschafften darüber / in
massen oben gesetzt / auch was recht vnd pillich ist / er-
kendt / vnd entlich darbey gelassen werden soll.

Derhal-

¶ Derhalben statuiren/vnd wöllen wir ferners/ daß am beråtetem ersten tag Augusti zu Franckfort/ neben vnsern ansehenlichen Commissarien/ so wir dahin abzuordnen bedacht seindt/die sechs Churfürsten/ vnd dann alle deputierte Fürsten vnd Stånde/oder aber deren abgefertigte råhte vñ pottschafften gewiß lich einkommen/ von vnsernt als Römischen Kayser/ auch Churfürsten/ Fürsten vnd aller Stånd wegen vollen gewalt vnd macht haben/in obgerürten appellation sachen was recht vñ pillich ist zu erkennen/Darneben allen vnd jeden von den Krayssen vberschickten andern bericht/erkündigungen/ vñ was sonsten weiters des hailigen Reichs notturfft zu ergenzung vnd richtigmachung der matricul seyn sol/mit gepürlichem fleiß zuersehen/ zuerwegen/ auch darüber ex æquo & bono zuerkennen/ vnd zu statuiren. Darbey es dann one alles appelliret oder widerreden gelassen/ vñ darauff angeregt Reichs matricul ergenzt/ vnd richtig gemacht werden soll.

¶ Wir haben auch auff jetzigem Reichßtag gründlichen bericht eynnemen lassen/ wie es ein gestaldt mit vnsern vnd deß hailigen Reichs Fiscalischen sachen hab/ Wann wir dann darauß so viel vernommen/daß in vielen so wol vnsers Cammergerichts vnderhaltung als andere Reichs anlagen betreffent/zu vrthail für langst gestelt/vnd darüber zu pronuncijren bedenckens eyngefallen seyn soll/ daher dann vnder den

J   Stånden

Abschiedt zu Speyer

Ständen grosse vngleichait erfolgt/ vnd die gehorsame Stände für den andern zur vngepür hoch beschwerdt werden: Derhalben wöllen wir Cammerrichter vnd Beysitzern hiemit ernstlich befohlen haben/ soliche beschlossene sachen lenger nicht eynzustellen/ sondern vermög der ordnung darüber was recht/ fürderlich zuerkennen/ wie auch in den andern noch zur zeyt nicht beschlossnen sachen gegen einem jeden Standt gepürliche gleichait mit schleunigen procediren zu halten.

¶ Neben angehörten articuln/ haben wir gemeynen Ständen vnd den abgesandten fernere erinnerung thun lassen/ wellicher massen weiland Kayser Ferdinand/ vnser geliebter hertz vatter hochlöblichster gedächtnuß auff Anno Fünfftzig neun gehaltenen Reichsstag zu Augspurg/ ein sondere wolbedachte müntzordnung/ vnnd Kayserlich edict publiciren/ so wir auch darnach durch den Augspurgischen abschied Anno Sechtzig sechs weitters erklären lassen/ darin ein soliche vernünfftige/ nützliche/ vñ erbare ordnung/ wie im hailigen Reich Deutscher nation ein durchgehende gleichmessige probierte müntz anzustellen/ vnd beständiglich zuerhalten/ verfaßt/ daß on allen zweiffel/ da man nur derselben ordnung vnd edict im müntzen/ probirn/ vñ andern stücken/ wie sichs gepürt gelebt/ auff diese stundt alle böse müntzen/ so wol heimische alß fremde abgeschafft/ vnd man sich angeregter gemeiner gerechter

gerechter mūng allenthalben im Reich het mögen er
freuwen.

¶ Dieweil dann numehr vor augen/ was grosse
vnaufshörliche schäden jederman hoben vnd widern
standts alberait nur daher zūgefūgt/ daß man nicht in
allen Krayssen obangezogner müntzordnung vnd
edict gefolgt/ ia es auch gewißlich an dem/ wo keiney-
lendt ernstlich eynsehens beschehen soll/ daß man im
hailigē Reich Deutscher nation an stat der gutter probierten Reichs müntzen/ nichts anders alß böse frembde
de verfelschte müntzsorten/ sehen/ vñ haben muß/ Welches dann auch nicht die geringste vrsach der beharrlichen staigerung in allen victualien vnd commercien.

¶ Alß haben neben vns Chur vnd Fürsten/ auch
gemeine Stände vnd die abgesandten vmb so vil mehr
hochnötig/ vnd nützlich zuseyn erachtet/ vnd sich mit
vns endtlich verglichen / ob solich vnser müntz edict/
ordnung vnd abschieden festiglich mit allem getreu-
wen fleiß zuhalten/ Demnach setzen/ ordnen/ vnd wöllen wir/ daß angeregt edict/ müntzordnung/ vnd abschieden in iren kräfften bleiben/ völnzogen/ vnd was
dargegen durch iemandt fürgenommen / gentzlich ab-

J ij   geschafft/

Abſchiedt zu Speyer

geſchafft/vnd caſſiert werden ſoll/ nicht allein bey de=
nen darin verleipten/ ſondern auch hernach geſetzten
ſchärffern ſtraffen vnd peenen.

¶ Derhalben ob wol vermög jetzo angezogenen
edicts einem jeden müntzherzn oder Standt geringe
müntzſorten alſ pfenning oder heller/ ſo viel man de=
ren in ſeinem gepiet vnd landtsart notthürfftig/ zu=
müntzen erlaubt/ doch daß der pfennig nur ſechs hun=
dert dreiſſig ſechs auff die Cölniſche marck gehen: vnd
dann an heller daß auß der feinmarck Cöllniſchen ge=
wichts nicht mehz dann ailff gülden/ vnd fünff kreu=
tzer auffpzacht werden.

¶ So iſt doch am tag/ wie verachtlich in dieſem
berürtem edict zu wider gehandelt wirdt/ Da etliche
müntzſtändt auff die marck an pfenning vber acht/
auch neun hundert auffgeſtückelt/ an den hellern auch
kein maß gehalten/ Darumb ſie alle gute Reichsmüntz
heuffig auffwechſſeln/ in den diegel werffen/ zu böſe
pfenning oder heller vermüntzen/vnd damit alle lan=
den auffüllen/ Dargegen wir dann gepürliche ernſtli=
che ſtraff fürzunemmen vns vozbehalten.

Damit

¶ Damit aber solich vbermessig betrüglich pfenning vnd hellermünzen gentzlich abgeschafft werden möge/ Setzen vnd wöllen wir/ daß das pfenning vnd hellermünzen durchauß hiemit verpotten/ vnd eingestelt seyn sol.

¶ Im fall aber etwan hernach an einem orth soliche kleine sorten zuhaben ja von nöthen/ so soll derselb münzstandt dasselbig zuuorderst an seines Krayses verordente zu den probation tägen gelangen/ vnd anderer gestalt nicht/ dann mit derselben ermessen vnd erlaubnuß/ nur so vil geringer sorten alß man in seinem gepiet nothtürfftig/ auch mit auffstückeln vnd gehalt vnserer münzordnung gemeß/ zu münze macht haben.

¶ Da aber jemandt ander gestalt sich des münzens anzumessen vnderstünde/ sollen soliche münzsorten von desselben auffschreibenden Krayßfürsten vnd Stännden/ oder auch von vns/ da wir es in erfahrung pracht / alspaldt verpotten/ auch im selbigen vnd andern Krayssen/ wo nur soliche sorten anzutreffen confiscirt werden/ was aber daruon außgeben/ dessen schaden vnd interesse soll der münzherr dem Krayß/ vnd einem jeden beschädigtem/ wie es auff den probation tägen taxirt/ ohne alles appelliren vnuerzüglich

J iij   zuer-

zuerstatten schüldig/darneben seiner müntzgerechtig=
keit one fernere erkandtnuß verlustig seyn/auch jhme
von vns alßbaldt gepotten werden/sich des müntzens
hinfürter zuenthalten / Darumb auch zu noch mere=
rem abscheuhens/seind wir erpietig/solichen priuirten
müntzstandt/auff sein vnderthenigs suppliciren bey
vns nicht baldt zu restituiren/sondern wöllen soliches
ansuchen jederzeit biß zur gemeiner Reichs versamb=
lung vnd der Stänð bedencken eynstellen.

❡ Der müntzmaister aber / dieweiler wider vn=
ser edict/ ordnung/ vnd seinen gelaisten ayd (daruon
hernach geordnet)mit vngepürlichē auffstückeln/oder
falschem gehalt gemüntzt/vnd also vns vnd das hailig
Reich fürsetzlich betrogen vnd belaidiget / so soll er nit
allein dem Krayß vnd vnderthanen den verursachten
schaden/wie es auff den probation tāgē in einem jeden
Krayß/die müntz vnderschoben/tarirt/vnuerlengt
erstatten/sondern auch am gut/leib vnd leben/nach ge=
stalt begangnen freuels gestrafft werden/ Demselben
danndie Krayß stände allenthalben nachstellen/vnd
auff recht niderwerffen lassen wöllen.

❡ Vnd was jetzo von den vngepürlichen pfenning
oder hellermüntzen disponirt/ also setzen vnd ordnen
wir

wir/ daß es auch gehalten werden soll/ da man andere
kleine sorten/ alß kreutzer/ halbe patzen/ oder andere im
edict zugelassene landtmüntzen wider maß vnd ord=
nung vnsers edicts nach jetzigem abschiedt müntzen
würde.

¶ Was aber Reichs gantze/ halbe/ vnd viertheil
thaller/ item Reichs gantze vnd halbe gülden/ vnd dañ
zehen kreutzer (so man grössere silbere sorten nennet)
anlangt/ wieuiel derselben auff ein marck/ auch wieuiel
fein silbers sie halten sollen/ ist alles in vnserm edict
vnd abschieden oben gemeldt versehen: Weil aber
demselben in etlichen Krayssen auch nicht aller dinge
nachkommen/ wöllen/ ordnen vnd gepieten wir/ daß
ein jeder müntzherr oder Stand solichem vnserm edict
vnd abschiden in seinen müntzen sich gemeß verhalten/
vnd gehorsamblich nachsetzen soll/ alles bey den peenen
vnd straffen/ wie oben vom vngepürlichen pfenning
vnd heller müntzen gehört.

¶ Daß auch nur goldtgülden vnd ducaten jres
gewissen gehalts/ vnd mit bestimpter anzal/ auff die
marck im hailigen Reich gemüntzt werden sollen: die
andern ducaten vnd kronen/ so viel deren sorten im
edict benandtlich/ passirt worden/ auch anders
nicht dann in jhrem gesetzten werth gangbar/ vnnd
aber

aber ſonſten alle andere güldene ſorten / die ſeyen hey=
miſche oder auſlendiſche / verpotten ſeyn ſollen / Iſt im
ſelbigen edict auch wol ſtatuirt / vñ alſo publicirt wor=
den / Darumb ſetzen / ordnen vnd gepieten wir / daß ein
jeder / hohes vnd niders ſtandts / auch in dieſem pun=
cten vnſern offtangerürten edict gehorſamblich nach=
komen / auch gegen die vbertretter mit gleichem ernſt /
mittel vnd ſtraffen / wie oben bey den pfenning vñ hel=
ler vermeldet / verfahren werden ſoll.

¶ Alſ dañ auch die müntzgerechtigkeit kein mer=
cantzey / ſondern vnſer Kayſerlich Regal / ſo die müntz=
ſtände auſ vnſerm ſondern vertrawen / nicht zu jhren
ſelbſt geſuchten vorteyl / ſondern wie wir ſelbſt / dem
hailigen Reich zu ehren vnd wolfart prauchen ſollen /
Demnach ja pillich / wer ſolch vnſer regal vntrewlich
miſpraucht / daß er ſich deſſen ſelbſt dardurch vnwür=
dig machet vnd entſetzet: Derhalben wöllen wir nach=
mahlen allen vnd jeden / ſo müntzgerechtigkeit haben /
hiemit ernſtlich gepotten haben / jre müntzen durch kei=
nen weg andern zuverkauffen / zuuerleihen / oder verle=
gen zu laſſen / viel weniger mit dem müntzmeiſter wo=
chentlich / monatlich / oder durch einig ander mittel den
gewin zutheilen / oder daher aigen nutz zugewarten /
ſondern wöllen wir / daß in dieſem mehr angezognem
vnſerm edict ſtracks nachgangen werden ſol / auch bey
obengerürten vnderſchiedlichen peenen / ſo wol gegen
den müntzherrn / alſ dem müntzmeiſter ernſtlich für=
zunemen /

zunemen/ Da auch seidhero einiche dergleichen genieß=
liche verpottene pacta, geding/ oder verschreibungen
gemacht/dieselbige sollen hiemit cassirt/vñ keins wegs
volnzogen/oder aber auff jetz gerürte straffen darge=
gen verfahren werden:

¶ Vnd dieweil man mit grossen schaden erfaren/
daß die hecken müntzen hien vnd wider in den Kray=
sen auffgepraitet/gemeinen pesten hochschädlich/vnd
in einem jeden ort/was daselbst gemüntzt/den Krayß=
verordneten vnd wardein gleich zuerfahren beschwer=
lich/vnd darumb vnser heilsamb edict in jren müntzen
wenig geachtet worden: Demnach auff räthlich er=
messen gemeiner Ständt/vnd der abgesandten/setzen
ordnen/ vnd wöllen wir/ daß numehr keinem/so müntz
gerechtigkeit hat/seines gefallens sondere müntzstätt
in den Krayssen anzurichten zuerstattē/ sondern sollen
die Krayßstände vnd müntzherrn zum fürderlichsten
auff gemeine Krayßtäge zusammen kommen/ vnd ei=
nes jeden Krayß gelegenheit nach sich auff drey oder
vier örter: daselbsten gemeine müntzstätt anzustellen/
vergleichen/darneben solche anordnungen machen/da=
mit im müntzen durchauß vnserem edict, ordnung vnd
abschieden gelebt/vnd würckfamlich nachgesetzt wer=
de/ auch bey vermeidung vnserer schweren vngnad/
vnd dann bey verlierung eines jeden müntzgerechtig=
keit: Doch soll den jenigen Ständen/so eygne bergk=
werck haben/auch sondere müntzē darneben zuhalten/

K   vnd

Abſchiedt zu Speyer

vnd daſelbſten inhalt vnſers edicts vnd abſchieden/ zu
müntzen vnuerpotten/ſondern zugelaſſen ſeyn.

¶ Darumb zu weiterer fortſetzung vnd handt=
bung vnſers edicts/ Statuiren vnd wöllen wir/ daß
auch hinfüro kein müntzmeiſter in den Krayſſen/ von
einigem müntzherren oder ſtandt angenommen/ noch
darin gelitten werde/ derſelb ſey dann zuuorderſt auff
gemeinen probation tag den Stånden oder derm ver
ordneten in der perſon preſentirt/ſein herkommen/ ge=
ſchicklicheit/ redlicheit/ vnd erlicher abſchiedt von der
öbrigkeit/darunder er geſeſſen/ durch gute gewiſſe er=
kündigung alles auff recht befunden/ darauff er alß=
dann den Krayſſſtånden vnd geſandten/ auch an vnſe=
re vnd des heiligen Reichsſtatt/ gleichsfals ſeinen
müntzherrn geloben vnd ſchweren ſol/im müntzen vnd
allen andern puncten vermög mehrgedachts vnſern
edicts/ ordnung vnd abſchieden ſich aller ding gemåß
zuuerhalten/ alles mit verpfendung ſeiner haab vnd
güter/ auch ſich ſelbſt/ſo offtmal er erfordert würde/
ſich eynzuſtellen/ red vnd antwort zu geben/ vnd alle
das jenig zulaiſten vnd gegenwertig zu ſeyn/was des
Reichs edict/ ordnung vnd abſchieden vermögen.

¶ Was dann oben von annemung eines müntz=
meiſters diſponirt /. alß ſoll es auch mit beſtellung
des wardeins/ doch ſouiel ſeinem ampt zuſtehn ſoll/
gehal=

gehalten/und ßue sonderlich eyngepunden werden/ye=
derzeit den Kayß. Stännden und abgeordneten auff
den probatien tägen/wie er unser medici, ordnung
und abschieden zu nachtheil zumünzen/ oder sonsten
fürzunemen erfaren würdt/anzuzeigen.

¶ Und ob wol biß daher/das iii stück werd in
einem gran zu gering befunden/in dem so wol dem wei=
dein/ alß dem ... oberseher worden/doch
der gestalt/ das im nechst volgenden werd solches erx
stattet werden sol: Die weil aber vilmaln erfaren/ das
sie sölch remedium zu viel mißpraucen/ so ordnen und
wöllen wir/das inen in solchem nit mehr zu übersehen/
sondern viel mehr/ da man ire collusion oder farlessig=
keit spüren würdt/gepürlich einsehens gegen sie fürzu=
nemen seyn soll.

¶ Sintemahl auch zu handthabung unserer
münzordnung kein besser mittel/ alß da die gepotne
beyde probation tägen/yedes iars am ersten May/und
am ersten Octobris in den Krayssen steiff gehalten/
und aber in diesem bey etlichen Krayssen grösser man=
gel/ja auch ein lange weil keine probation täge fürge=
nommen worden/ dardurch die gute münzen an sich
                  K ij   pracht/

pracht/ zerschnitten/ vnd böse gemüntzte sorten darauß
gemacht/ vnd also jederman groffen vnmeßlichen schaden zugefügt/ wie noch heutiges tags beschicht.

¶ Als wöllen wir nachmaln einem jeden Krayß/
vnd darin gesessnen müntzgenossen hiemit gebotten
vnd befohlen haben/jedes jars beyde in vnserm edict/
angesetzte probation täge/wie sich gebürt/mit sonderm
fleiß zubesuchen/vñ ein andern darüber (in erwegung
gemeinem nutzen im heiligen Reich daran so viel gelegen) gute correspondentz zu halten/ sonderlich zu ab-
schaffung alles des jenigen/ so vnserm müntzedict/ord-
nung vnd abschieden zuentgegen fürgenommen würd.

¶ Da aber in diesem abermal bey einem oder mehr
Krayssen oder müntzständen nachlässigkeit gespürt/
sollen die nechst angesessne Krayß Fürsten vnd Stände dasselbig vns vnuerzüglich zu erkennen geben/dar-
auff wir ernstlichs eynsehens mit suspension oder sonsten nach gelegenheit zuthun/darneben einem jeden zu-
gepieten/die angesetzte probation täge on alles verziehen ins werck zurichten/oder aber daß sie ipso facto oñ
weiter erklärung aller jrer müntz gerechtigkeiten ver-
lüstig seyn sollen.

Was

Was auch immittelst in solchen seumigen Kray-
sen gemünzt, darüber sollen die nechst anstössende
Krayß fürsten und mitgenossen/als unsere verordnete Commissarien/gepürliche probierung mit fürbe-
schaidung dessen/so gemünzt/in dem auch derselb bey
peen der priuierung ipso facto, dahien erscheinen/und
die probation fürgehn lassen solle/fürnemen.

Wir setzen/ordnen und gepieten auch ferners/
daß mehr angeregt unser münzedict/ordnung und bei-
de abschieden vom jar fünffzig nein/und sechzig sechs
in allen ihren andern pancten mit durchgehender gleichait von allen und jeden unsern und des heiligen Reichs
Ständen/angehörigen und underthanen stracks ge-
halten/und volnzogen werden sollen/Und demnach
wöllen und gepieten wir nachmals/daß im heiligen
Reich kein andere silbere münzsorten/dann die darinn
bestimpte an schrot und korn probierte Reichs gantze/
halbe und vierteil daler/auch Reichs gantze und halbe
gülden/zehen kreuzer/halbe batzen/kreuzer/pfenning
heller/und etlich benandte landtmünzen gemünzt/
noch in kauffen/verkauffen/oder andern handlungen
und bezalungen in jren underschiedlich gesetzten werth
geben und genommen werden sollen.

Gleichsfals daß auch im heiligen Reich nur reini-
sche goldgülden und Reichs ducaten inhalt des edicts

K iij   gemünzt/

gemüntzt/dieselbig vnd dann etlich andere im edict spe-
cificirte ducaten vnd kronen in jrem probierten werth/
für werschafft genommen werden mögen.

¶ Aber sonsten alle andere frembde güldene vnd
silbere müntzsorten/ wie die auch beschaffen oder be-
nant/ sollen in das heilig Reich keins wegs eyngefürt/
eingeschleifft/ viel weniger für einige werschafft auß-
geben/oder genommen werden/ alles bey confiscirung
derselben sorten/ so die obrigkeit/ da dieselbige ange-
troffen/ fürzunemen/ auch dem anzaiger den dritten
theil daruon zugeben: wie auch hinwider die im Reich
gemüntzt güldene vnd silbere müntzsorten/ vnd dann
alles vngemüntz silber auß dem Reich zufüren/durch-
auß verpotten seyn sol/ auch bey peen gleicher confisca-
tion/ vnd nach gestalten vmbstandt der geschicht/ die
thäter mit harterer straff anzusehen.

¶ Vnd sonderlich soll das betrieglich aller Reichs
müntzen pregen/granaliren/saigern/ringern/beschnei-
den/schwechen/ weschen/ abgiessen/auß wiegen/auff-
wechsseln/vnd dann veruelschen/bey verlust leibs vnd
guts (nach gestalten dingen vnnachlessig on allen respect der personen fürzunemen) wie auch zuuor in vnserm edict vnd abschieden verpotten seyn vnd pleiben.
Der-

❡ Derhalben wöllen wir alle vnd jede vnſere vnd des heiligen Reichs ſtände vnd vndertthanen in krafft diſes abſchiedts/ vnd ſonderbaren vnſern mandaten hien vnd wider im Reich anzuſchlagen/ gewarnet haben/ ſich ſolcher frembder ſilbern vnd güldenen verpottnen müntzſorten/ vnd dann auch der geringen inlendiſchen müntzen hie vñ zwiſchen den erſten Martij nechſtkünfftig gentzlich zuenteuſſern/ dann dieſelbige darnach als verpottne müntz keins wegs für werſchafft auffgeben noch genommen werden ſollen.

❡ Damit man dann ſolcher verpotten verbanten frembden/ vnnd der haimiſchen geringen müntzſorten einmal allenthalben abkommen/ vnd aber dargegen ein algemein durchgehende gleiche Reichsmüntz gehaben möge/ Sollen alle Krayß vnd müntzſtände/ vnd müntzgenoſſen dieſelbe frembde vnd geringe müntzen von jren vndertthanen mit derſelben wenigſten beſchwerung vnd on jren eigen geſuchten nutz/ vngeferlich wie derſelben rechter wert/ auffzuwechſſeln/ auch alßpaldt in gute Reichsſorten inhalt vnſers edicts/ zuuerendern vnd zuuermüntzen ſchuldig ſeyn.

❡ Vñ zu fernerer beſtendiger handthabung vnſers edicts/ ordnung vnd abſchieden/ wollen wir allen vñ jeden Churfürſten/ Fürſtē/ſtändē/ſtetten vñ öbrigkeitē hiemit aufferlegt vñ befolen habē/ allenthalben in jren ſtetten

stetten landen vnd gepiet/sonderlich auff den jarmarckten ernstlich auffmerckens zuhaben/vnd zu inquiriten/ damit kein Reichs güldene oder silbere müntz/noch auch rohe silber auß dem Reich zu wasser oder zu lande verfürt/noch auch verpottne güldene oder silbere müntz sorten eingefürt/auch gemelte Reichs müntz sorten anders nicht/dann in irem gesetzten probierten werth genommen vnd aufgeben/oder aber wider die vbertretter ernstliche straff fürzunemen/Dargegen dann auch kein glait iemandt geben/noch darunder begrieffen seyn soll.

¶ Vnd auß sondern nothwendigen mit gemeinen Ständen/vnd den abgesandten wol erwognen vrsachen/Setzen/ordnen/vnd wöllen wir/daß vnsere vnd des heiligen Reichs vier Churfürsten am Rhein ire sondere verordnete räth/neben vnsern Commissarien zu Franckfort zu den järlichen messen abordnen/ die da macht vñ befelch haben sollen/darauff gute achtung zu geben/vnd zu inquiriren(darzu wir dañ Burgermeister vñ rath/inen auff ir begeren auch verholffen zu seyn/hiemit ernstlich befehlen) ob frembde verpottne müntz dahin gefürt? oder auch des Reichs güldene oder silbere müntz/oder rohe silber auß dem Reich zu füren von iemandt anstellung gethan? oder aber ob un kauffen/verkauffen/oder andern außgaben verpotne müntz genommen? oder auch des Reichs müntz anders oder in höhern werth/dann sie geualuiret/in einigen schein oder wege aufgeben oder genommen würden.

Dz

Da sie dann deren ding gewißlich berichtet vnd erfahren/sollen sie solche güldene oder silbere müntz/vñ rohe silber den nechsten zu jhren handen vnd gewalt nemen/ vnd biß auff vnser vnd gedachter vier Churfürsten ferner verordnung verwarlich behalten:

Dergleichen anstellungen/erkündigungen/ vnd einsehens zuthun/wöllen wir den hochgepornen/ vnsern lieben öheymen beyden andern Churfürsten Sachssen vnd Brandenburg in jrey liebden Städten auff den jarmarckten oder messen sonderlich fürzunemen/ hiamit befohlen haben/ wie wir dann auch auff andern jarmärckten oder messen/ in vnsern vnd des heiligen Reichs stetten/ wa wir es nützlich erachten würden/ mit sonderm fleiß zu verschaffen erpietig seyndt.

Damit dann solch hailsamb edict/müntzordnung vnd abschieden in stettigem wesen mit durchgehender gleichait in allen Krayssen erhalten/ vnd alle vnordnung oder vngleichait/ so gleichwol eynreissen wöllen(darab sich dann etliche Krayß vnd Stände/ auff jetzigem Reichstag nit wenig beschwerdt haben) vermitten bleybe / auch alle künfftige vngleichaiten

L   oder

Abschiedt zu Speyer

oder beschwerungen fürkommen/auffgehept/vnd also
desto steiffer angeregt edict/ordnung/vnd abschieden/
voluzogen werden mögen.

¶ So haben wir vns mit Churfürsten/Fürsten/
vnd gemeinen Stånden/ vnd der abwesenden råthen
vnd pottschafften eines andern gemeinen deputation
oder Reichsmüntz tags / auff den ersten Augusti schi-
rist in vnser vnd des heiligen Reichs statt zu Franckfurt zuhalten/ verglichen.

¶ Demnach setzen/ ordnen vnd wóllen wir/ daß
auff jetzt gemeldten ersten tag Augusti zu Franckfort
neben vnsern ansehenlichen Commissarien/ vnsere vnd
des heiligen Reichs sechs Churfürsten/auch andere deputirte Fürsten vnd Stånde / sampt den Stånden
so bergkwerck haben/selbst oder durch jre vollmechti-
ge / doch auff gemeinen eines jeden Krayß kosten/er-
scheinen/daselbst dann wo einiche vngleichait/ vnordnung oder widerwertige beschwernuß in einem oder
mehr Krayssen eynreissen wölle/ wie solches alles zu-
vorkomen vnd abzustellen/ferners tractiert/ beschlos-
sen/vnd verabschiedet werden solle.

Als

¶ Alß dann auch obermals auff jetziger Reichs versamblung vns angelangt / ob wol wir hiebevor in etlichen Reichs abschiedé / zuvorab in Anno rc. viertzig acht zu Augspurg publicirter pollicey ordnung / vnd seithero die mißpreuch der geschenckten vñ vngeschenckten handtwercken gentzlich abzuthun allen vnd jeden öbrigkeiten gepotten / So sollen doch an gemeldte schädliche mißpreuch nicht allenthalben auffgehept wöllen werden / darumm wir nachmals gemeine edict vnd mandaten aufgehen / vnd an gepürende örter anschlagen zulassen bedacht seyn / Wöllen demnach allen vnd jeden Stånden vnd öbrigkeiten hiemit gepotten haben / solchë vnsern mandaten schüldigen folg vnd gehorsamb zu laisten / alles bey vermeidung vnserer vngnad vnd anderer peenen darin verleipt.

¶ Wir seind auch weitters bericht / ob wol in gemeiner pollicey ordnung auch mit sonderm ernst gepotten / daß kein wüllë tuch mit der elen im außschnit verkaufft werden soll / es sey dann zuvor genetzt vnd geschorn / was aber gantze tücher weren / daß dieselben vngerecft oder vngestrecft / aber doch genetzt verkaufft werden sollë / So würden doch solchem vnserm gepott zu wider in den jarmessen zu Franckfort vnd andern örtern / die tücher nicht allein vbel gerecft vnd gestreckt / sondern auch inwendig voller löcher / vnd sonsten verderbt betrieglicher weiß / da sie schon außwendig für gute tücher anzusehen / verkaufft vnd geliffert /

L ij

liffert/weil dann solchen bettriglichenhandel vnd ver=
acht angezogner ordnung/ vmb so viel mehr mit ernst=
lichen straffen zubegegnen/ Wöllen wir auff gutach=
ten gemeiner Stånd vñ der abgesandten/hiemit einer
jeden öbrigkeit gepotten vnd befohlen haben/ solchen
bettrug nicht allein inhalt angezogner pollicey ordnng/
sondern auch mit confiscirung aller gütter des bettrig=
lichen verkauffers/ wan vnd wa dieselbige begriffen/
zustraffen/doch das aller schad dem kåuffer darauff zu
vorderst entrichtet werde.

¶ Wiewol auch auff etlichen vorigen
gehaltenen Reichstågen bey schweren peenen statuirt
vnd gepotten worden/ daß die öbrigkeit bey jren tru=
kereyen/buchfürern/ vn sonsten ernstliche verschung
thun sollen/damit keine schmehebücher/ gemåls/ oder
dergleichen(dardurch nichts guts/ sondern nur zanck/
auffruhr/ mistrauwen/ vnd zertrennung alles fried=
lichen wesens angestifft) offentlich oder heimblich ge=
macht/getruckt/verkaufft/oder sonsten ausgehen/ So
kommen wir doch in gewisse erfahrung/ daß solchem
vnserm vnd des heyligen Reichs gepott an vielen ör=
tern nicht gelept/sondern zugesehen werden wil/ daß
hien vnd wider allerley schandtlose schmåhe schrifften/
bücher/charten/ vnd gemåls getruckt vnd gemahlet/
one alles straffen/zuvorab auff den gemeinen jarmårk=
ckten/messen/vnd in andern versamlungen vmbgetra=
gen/ feil geben/ kaufft vnd ausgebreittet/ dardurch
dann auch niemandt/es sey öbrigkeit/herr oder vnder=
than verschont werde.

Dieweil

¶ Dieweil dann solche vermessene vngescheuchte frechait des lästerlichen truckens/malens/vñ schmehens/vnd souiel mehr zu coerziren vnd allenthalben abzustellen/ haben wir vns mit gemeinen Ständen vnd den abgesandten dahien verglichen/ Darauff sez ordnen vnd wöllen wir/ daß hinfüro im gantzen Teütschen Reich buchtruckerey an keine andere örter/ dann in denen stetten/ da Churfursten vnd Fürsten jr gewönliche hoffhaltung haben/ oder da vniuersitates studiorum gehalten/oder in ansehenlichen Reichsstetten verstattet/ aber sonsten alle winckel truckereyen stracks abgeschafft werden sollen.

¶ Zum andern/ soll auch kein buchtrucker zugelassen werden/ der nicht zuuorderst von seiner öbrigkeit/da er heußlich sitzet/darzu redlich/erbar/vnd aller ding tuglentlich erkent/auch daselbst mit sonderm leiblichen eydt beladen/in seinem trucken/ jetzigen vnd anndern Reichs abschieden sich gemeß zuuerhalten. Zum dritten/ sollen einem jeden alle lästerliche schmehliche bücher/schrifften/charten oder gedicht in truck zugeben/ oder zutrucken durchauß bey hoher straff/ auch verlust der bücher vnd truckereyen verpotten seyn. Zum vierdten/soll auch keiner etwas zutrucken macht haben/das nicht zuuor von seiner öbrigkeit ersehen/vñ also zutrucken jhme erlaubt wäre. Zum fünfften/ soll derselb alßdañ auch des dichters oder autors/gleichsfals seinen namen vnd zunamen/ die statt vnd jarzahl darzu setzen.

L iij   Da

Abschiedt zu Speyer

¶ Da aber deren ding eines oder mehr vnderlas=
sen/sollen nicht allein die getruckte bücher/schrifften/
oder charten alsbaldt von der obrigkeit confiscirt/son=
dern auch der trucker/vnd bey weme die zukauffen/
oder sonsten aufzubreiten begrieffen/am gut oder son=
sten nach gestalt vnd vermög gemeiner recht/vnnach=
läflich gestrafft werden.

¶ Mit gleichen straffen vnd ernst soll auch ge=
gen die jenigen/so lästerliche schmäheliche gemäls ma=
chen/zu verkauffen oder sonsten zu diuulgiren/vmb=
fären.

¶ Darumb gepieten vnd wöllen wir/daß alle vnd
jede Stände vnd obrigkeiten ob diesem vnserm gepöt
mit allem ernstlichen fleiß halten/auch sonderlich jhre
truckereyen vnuerwarnter ding visitiren/dann da sie
in diesem jemandt vbersehen/colludiren/oder keinen
gepürenden ernst vñ straff gegen die vbertretter für=
nemen würden/sollen sie damit in vnsere schwere vn=
gnad gefallen seyn/vnd nach gestalten dingen pro arbi=
trio von vns gestrafft werden.

¶ Zum letzten alß auch zwischen etlichen
Ständen

Stånden nun ein lange zeit hero der session wegen/
dein geringe strittigkeiten sich erhalten/so eines theils
seither vom der güte verglichen/theils auff vnsere auß,
trag gestelt/die andern aber noch bey jhrer vnrichtig
keit schweben/dardurch dann die stimmen in den råh,
schlegen gehen/vnd die fürderliche expedition gemeiner
geschäfft nicht wenig verhindert werden,

.

.·

¶ Damit nun diesen sachen auch einmahl durch
fürderliche gepürliche erkantnuß/durchauß/abgeholf,
fen werden möge/Also auff råthlich er messen vnd gut
achten der anwesenden Churfürsten/ Fürsten/ vnnd
Stånden/ auch der andern råth vnd pottschafften/
Wöllen/ordnen vnd statuiren wir hiemit/daß die der
session wegen strittige Stende/so sich auff sondere auß
tråge mit einander verglichen/darauff ihrer verglei
chung nach seiner/doch zugleich in possessorio & petito
rio zum endtlichen beschluß verfaren/vnd vnsere
erkandtnuß darüber erwarten sollen.

. .

·

¶ Den andern aber so noch zur zeit in keinen auß,
trag verfaßt/ wöllen wir hiemit zeit sechs monat be,
nant haben/darin ein jeder stand/so zu den andern der
session halbē zuklagē/seine klag auch samtlich in posseso-
rio & petitorio an vnserm Kayserlichē hoff duplirt eyn
gebē/darauff sein gegenteil(der sey ein oder mehr)auch
in zeit

Abſchiedt zu Speyer

in zeit ſechs monat antworten/ vnd darneben ſeinen
gegenbericht an vnſerm Kayſerlichen hoff auch duplirt fürpringen/ darauff dann ein jeder mit noch zweyen rechtſätz oder producten gehört/ damit zu vnſerer
endtlicher erkandtnuß geſteldt werden ſoll/ was dann
darauff von vns mit recht erkend/ darbey ſolle es endlich pleiben.

¶ Nachdem auch noch etliche Reichsſtände beuor/ ſo noch zur zeit zu keiner ſeſsion kommen/ auch derhalben mit keinem ſtrittig worden/ Damit dann den
ſelben jre gepürliche ſeſsion vnd ſtiſſ im Reichſtag eingeben/ vnd alſo das Reich an ſeinen gliedern/ ſtimmen
vnd anlagen geſterckt würde/ ſeindt wie erpietig/ mit
denſelben pilliche verordnung zu eheſter gelegenhait/
doch in dem des Reichs vnd andere intereſſenten nöthturfft auch zubedencken/ fürnemen zulaſſen.

¶ Aber immittelſt ſoll ein jeder bey ſeiner poſſeſ
ſion vel quaſi, wie die herpracht/ gelaſſen/ vnd durch
jetzigen Reichſtags ſeſsion, auch beſchehne ſubſcription
niemandt an ſeinem herprachten geprauch vnd gerechtigkeit in einigem nachtheilig oder in etwas preiudicirt
ſeyn.

Solches

¶ Solchs alles jedes vnd so obgeschrieben steht/ vnd vns Kayser Maximilian den andern berühren thut/ greden vnd versprechen wir bey vnsern Kayserlichen würden vnd worten/stett/vest/vnd auffrichtigkait zuhalten vnd zuuolnziehen/dem stracks vnwaigerlich nachzukommen vnd zu geleben/sonder geuerde/ Des zu vrkundt haben wir vnser Kayserlich insiegel an diesen abschiedt thun hencken.

¶ Vnd wir Churfürsten/ Fürsten/ prelaten/ grauen vnd herrn/auch der Churfürsten/ Fürsten/ prelaten/ grauen/ herrn/. vnd des heiligen Reichs frey vnd Reichsstett gesandte pottschafften vnd gewalthabern hernach benandt/ bekennen auch offentlich mit diesem abschied/daß alle vnd jede obgeschribene puncten vnd articuln/ mit vnserm guten wissen/ willen vnd rath fürgenommen vnd beschlossen seindt/ bewilligen auch dieselbige alle sampt vnd sonderlich in vnd mit krafft dieses brieffs/ Greden vnd versprechen in rechten guten waren treuwen/dieselbige/ souiel einen jeden selbst seine herrschafft oder freunde/von denen er abgesandt oder gewalthabendt ist/ betrifft oder betreffen mag/ wahr/stet/vest aufrichtig/ vnd vnuerprochen zuhalten/zuuolnziehen/vnd dem nach allem vnserm vermögen nachzukommen/vnd zugeleben/sonder geuerde.

¶ Vnd seindt diese die hernachgeschriebne wir die Churfürsten/Fürsten/prelaten/grauen/herrn/vnd des heiligen Reichs stett/pottschafften/gewalthabern vnd abgesandten/

M   Chur-

Abschiedt zu Speyer

Churfürsten persönlich.

Von Gottes gnaden Daniel des heiligen Stuls zu Mayntz Ertzbischoff / des heyligen Römischen Reichs durch Germanien Ertzcantzler.

Jacob Ertzbischoff zu Trier / des heiligen Römischen Reichs durch Gallien / vnd das Königreich Arelaten Ertzcantzler.

Salentin erwölter zu Ertzbischoffen zu Cöllen des heiligen Römischen Reichs durch Italien Ertzcantzler / Hertzog zu Westphalen vnd Engern.

Friderich Pfaltzgraue bey Rhein / des heiligen Römischen Reichs Ertztruchsess / Hertzog in Bayern.

Churfürsten pottschafften.

Von wegen Augusten Hertzogen zu Sachssen / des heiligen Römischen Reichs Ertzmarschalcken / Landtgrauen in Düringen / vnnd Marggrauen zu Meissen / rc. Heinrich Ludwig graue zu Eberstein / herr zu Newgarten vnd Massa / Erich Volckmar von Berlepsch Oberhauptman in Düringen / Dam von Sebottendorff zu Rotwerndorff / Lorentz Lindeman zu Sedlitz Doctor / Johan von Tzeschaw zum Puch / vnd Abraham Bock zu Pollach alle Räthe. Joachim

Joachimen Marggrauen zu Brandenburg des
heyligen Römischen Reichs Ertzcammerer/ zu Stet=
tin/ Pommern/ der Cassuben vnd Wenden/ vnd in
Schlesien/ zu Crossen Hertzogen/ Burggrauen zu
Nürnberg/ vnd Fürsten zu Rugen/ Georg Gans hert
zu Putlist/ Albrecht Thuem Docto: Dumprobst zu
Brandenpurg/ Heinrich von Staupitz öbrister/ vnd
Detloff Winterfelt alle räthe.

Osterreich persönlich

Ferdinand Ertzhertzog zu Ostereich/ hertzog zu
Burgundi/ zu Steyr/ zu Kerndten/ Crain vnd Wür=
temberg/ rc. Landtgraue in Elsaß/ Marggraue zu
Burgaw/ rc. graue zu Hapspurg/ Tyrol vñ Göritz/ rc.

Von wegen deß hauß Osterreich.

Philips freyhert zu Winnenberg/ vnd hert zu
Beilstein/ Röm. Kay. May. hofraths president/ Lud=
wig graue zu Leonstein/ vnd hert zu Scharffeneg/
Georg Ilsung von Tratzpurg/ landuogt in obern vnd
nidern Schwaben/ Timotheus Jung Docto:/ vnd
Johan Achilles Ilsung alle räthe.

                                    M ij   Vo

Abschiedt zu Speyer
Von wegen des hauß Burgund.

Thomas von Perenot herr zu Schantenoy vnd Hauriaincourt/der Königlichen Würden zu Hispanien Hoffmaister/Johan de Mepsche Doctor/Leutenant zu Gröningen/beyde räthe.

Geistliche Fürsten persönlich.

Georg Administrator des Hochmaisterampts in Preussen/ Meister Deutsch ordens in Deutschen vnd Welschen landen.

Marquard Bischoff zu Speyer/vnd Probst zu Weissenburg.

Johan erwölter Bischoff zu Straßburg/Landgraue in Elsaß.

Ernst Administrator zu Freisingen/Pfalzgraff bey Rhein/Hertzog in obern vnd nidern Bayern.

Geistlicher Fürsten pottschafften.

Von wegen Johan Jacoben Ertzbischoffen zu Saltzburg/ Legaten des Stuls zu Rom/rc. Georg von Kienburg zu Kienecкh vnd Newkirchen/ dhumherr/Jacob von Haunspurg zu Vohenlueg/Carl Frelich zu Frelichsburg/Wolff Alt/vnd/Johan Baptista Fickler/beyde Doctorn alle Räthe.

Heinri-

Heinrichen postulierten Ertzbischoffen zu Bremen/Hertzogen zu Sachssen/Engern/vnd Westphalen/rc. Gedeon Egling Doctor/Bremischen dhumcapittels Syndicus/vnd Niclaus Bosse/Probst zum newen Kloster.

Claudi Ertzbischoffen zu Bisantz/Johan Gray der vniuersitet zu Doll professor/vnd Johan Bisantzer von Bessurdt Doctor/Fürstlicher Lothringischer rath/rc. beyde Doctorn.

Veiten Bischoffen zu Bamberg/Marquard von Berg Doctor/dhumprobst zu Augspurg/dhumbdechant zu Bamberg/Simon von Berg dhumbherr zu Bamberg vnd Würtzburg/Georg Marschalck von Ebnet zu Wildenperg/Jobst Lorber/vnd Georg Langenfelder Doctorn.

Friderichen Bischoffen zu Würtzburg vnd Hertzogen zu Francken/Neithart von Tüngen dhumbherr zu Würtzburg/Váltin Truchsáß zum Herleßhoff/Balthasar von Hellu Licentiat Cantzler/Conradt Dinner Doctor/Martin von vnd zu der Thann/vnd Hieronymus Hager Secretarius alle ráthe.

Dietherichen erwölten vnd bestettigten zu Bischoffen zu Wormbs/Philips Christoff von Sötern dhumbdechant/dhumbherr zu Trier vnd Speyr/Canonicus zu Sintzheim/vnd Georg Seiblin Doctor Cantzler.

Martin Bischoffen zu Aichstätt/Niclauß Seld Cantzler/Sebastian Reichart/vnd Philips Luchs alle Doctorn vnd Ráthe.

M iij   Martzen

Abschiedt zu Speyer

Marpen Sittich der heiligen Römischen kirchen
Cardinal/ Bischoffen zu Costentz/ vnd herzn der Rei=
chenaw/ic. Hainprant Wenglin Doctoz/ Cantzler vnd
Rath.

Otten der heiligen Römischen kirchen Bischoff/
Cardinal zu Sabin vnd Augspurg/ probst vnd herz
zu Elwangen/ Johan Schencking Doctoz/ Vicarius
vnd dhumherz/ Georg Kinderpach/ vogt zu Rötlin/
vnd Thomas Seld Doctoz.

Des Stiffts Halberstadt / Gedeon Egling
Doctoz.

Johansen Bischoffen zu Münster/ Administra=
torn der Stifften Osnabrug vnd Paderborn/ Bitter
von Roffeldt dhumbenstoz zu Münster / Herman
von Vele hoffmarschalck/ rath/ amptman zu Beuer=
gern vnd im Embschlandt/ vnd Lorentz Schrader
hoffrath.

Eberharten confirmirten Bischoffen vnd Admi=
nistratozn des Stiffts Verden vnd Lübeck/ herz im
haus zu Lünenburg / Johan von Hall Doctoz/ vnd
Gerhart Steding räth.

Gerharten Bischoffen zu Lüttich/ herzogen zu
Bullion/ Grauen zu Lohen/ Arnoldt von Bucholtz/ zu
Maintz

Maintz vnd Lüttich dhumbherr/ Probst zu Büngen/
Niclaus von Muttenrath dhumbherr/ Probst zu
Sanct Paul/ Heinrich von Eineten zu Bollant Hoffe-
maister/ vnd Johan Quoyens Doctor.

Herman postulierten vnd bestettigten Administratorn des Stiffts Minden/ Gerhart Steding.

Melchiorn Bischoffen zu Basel/ Christoff Wel-
singer Doctor/ Bischofflicher Straßburgischer Can-
tzler/ vnnd Georg Seiblin Doctor/ Bischofflicher
Wormbsischer Cantzler.

Vrban Bischoffen zu Passaw/ rc. Johan Gott-
hart zu Osterkirchen/ Doctor/ Cantzler/ vnd Johan
Baptista fickler Ertzbischofflicher Fürstlicher Saltz-
purgischer rath.

Christoffen Administratorn des Stiffs Ratzen-
burg/ rc. Johan Boucke Doctor.

Christoffen der hailigen Römischen Kirchen Bi-
schoffen/ Portuensi/ Cardinalen zu Trient/ Bischoffen
zu Brichssen/ rc. Johan Schencking Vicarius vnnd
dhumbherr zu Augspurg/ Thomas Seld/ vnd Geor-
gius de Albertus alle Docorn.

Carln der heiligen Römischen Kirchen priester/
Cardinaln von Lothringen/ Administratorn des
Stiffts Metz/ Johan Vetus Doctor/ rath/ vnd Jo-
han Aubertin Cantzler.

Petern

Abschiot zu Speyer

Petern de Castelleto Bischoffen vnd Grauen zu Toll/ Johan Besanzer von Beffort Doctor/ Fürstlicher Lotheringischer rath.

Nielausen Psaulme/ Bischoffen vnd Grauen zu Verdun/ Franciscus le Clerc Doctor/ procurator general.

Maximilian von bergen/ Bischoffen vnd hertzogen zu Cammerich/ Grauen zu Cambresis/ Rogerius Valerius der heiligen geschrifft Doctor/ phumhern vnd Archidiacon/ Gerhardt de la rue Secretarius/ Conradt Betsdorff/ Johan Sechel/ vnd Andreas Gotwalt alle Doctorn.

Balthasarn erwölten vnd bestettigten Apts des Stiffts Fuld/ Römischer Kayserinnen Ertzcanzlers durch Germanien vnnd Gallien Primatus/ Johan Klauer von Wahra/ vnd Georg Kornman Doctor/ beyde Räthe.

Michaeln Apten zu Hetschfeldt/ Magister Berthort Murhart.

Georgen Apten des Stiffts Kempten/ Wolffgang Anthoni Corner Doctor/ Canzler vnd Rath.

Johans Vlrichen Apten zu Murbach vnd Luderf/

der f/ Hanß Wörnher von Raitnow zu Langenstein/ öbrister/ vnd Theobald Megerer Licentiat.

Adamen von Schwalbach/ Sanct Johans Ordens in deutschland maister/ Hanß Georg von Schönborn Johanser ordens / Ritter vnd Commenthur zu Rottenpurg an der Tauber/ receptor in obern deutschland/ vnd Niclaus Huber Doctor Cantzler.

Jacoben Probsten vnd Ertzpriesters zu Berchterßgaden/ Johan Baptista Ficker Doctor/ Fürstlicher Saltzburgischer rath.

Christoffen Grauen zu Manderscheidt / Apt zu Prümb vnd Stabel/ Herman Graff zu Manderscheit vnd Blanckenheim / 2c. Niclauß Raw Stablischer Potestat/ Gottfried Lipner Secretari.

Weltliche Fürsten persönlich.

Georg Hanß Pfaltzgraff bey Rhein/ Hertzog in Bayern/ vnd Grawe zu Veldentz.

Hanß Wilhelm Hertzog zu Sachssen/ Landgrawe in Düringen/ vnd Marggrawe zu Meissen.

N   Wilhelm

Abschiedt zu Speyer

Wilhelm Landtgraff zu Hessen/Graff zu Catzen-
elnbogen/Dietz/Ziegenhain vnd Nidda.

Georg Landtgraff zu Hessen/Graff zu Catzeneln-
bogen/Dietz/Ziehenhain vnd Nidda.

Johan Albrecht Hertzog zu Meckelnburg/ fürst
zu Wenden/ Grave zu Schwerin/ der lande Rostock
vnd Stargart herr.

Carl Marggrave zu Baden vnd Hochperg/
Landtgrave zu Susemperg/ Herr zu Rötelen vnd Ba-
denweiler.

Weltliche Fürsten pottschafften.

Von wegen Albrechten Pfalzgraff bey Rhein/
Hertzogen in obern vnd nidern Bayern/ ꝛc. Wilhelm
von der Layttern/herr zu Bern vnd Vincentz/pfleger
zu Wasserpurg/Wiguleus Hund zu Sultzeumoß Do-
ctor/pfleger zu Dachaw/Jörg Christoff von Rorpach
zu Hoffdorff/Ludolff Haluer/vnd Hieronymus Näd-
ler/beyde Doctorn/ alle Räth.

Reichardten Pfalzgraven bey Rhein/vnd Herzogen in Beyern/Johan Knauff Licentiat.

Philips Ludwigen Pfalzgraven bey Rhein/Her-
zogen

zogen in Bayern/Grauen zu Veldentz vñ Spanheim/
Christoff Landtschad von Steinach/ vnd Heinrich
Schwebel Licentiat.

Johansen Pfaltzgrauen bey Rhein/ Hertzogen in
Bayern/Grauen zu Veldentz vnd Spanheim/ Christoff Landtschad von Steinach/ vñ Heinrich Schwebel Licentiat.

Johansen Marggrauen zu Brandenburg/ zu
Stettin/Pommern/ der Caffuben/Wenden vnd in
Schlefien/ zu Croffen Hertzogen/ Burggrauen zu
Nürnberg/vñ Fürsten zu Augen/Barthel von Mau-
defloe zu Biberteich/Adrian Albin Doctor/vnd Sig-
mund von Schlichting zu Starpell.

Georg Friderichen Marggrauen zu Branden-
burg/zu Stettin/Pommern/der Caffuben vnd Wen-
den/auch in Schlefen/ zu Jägerndorff/ vnd rc. Her-
tzog/ Burggrave zu Nürnberg/ vnd Fürsten zu Ru-
gen/Hanß Christoff von Sieg/Lantrichter/ Doctor/
Conradt von Rechenperg/ vnd Caspar Etzell Licentiat.

Juliusen Hertzogen zu Braunschweig vnd Lü-
nenburg/Lucas Cangel Doctor/vnd Heinrich von der
Luhe/beyde räthe.

N ij   Erichen

Abſchiedt zu Speyer

Erichen Hertzogen zu Braunſchweig vnd Lünenburg/Moritz Pꝛoff/Droſt zu Wittenpurg/Johan Reich Doctoꝛ/ vnd Andreß Craiſt Hofrichter / alle Räthe.

Wolffgangen Hertzogen zu Braunſchweig vnd Lünnenburg/M. Matthias Luder Rath.

Wilhelmen des jüngern Hertzogen zu Braunſchweig vnd Lünenburg/ Friderich von Weyhe Doctoꝛ.

Wilhelmen Hertzogen zu Gülch/Cleve vnd Berg/ Graue zu der marck vnd Rauenſpurg/ herꝛ zu Rauenſtein/ꝛc. Heinrich von der Reck/Droſt in der Leymerſ/ Wilhelm Gülch/Conradt Fürſtenberg/Martz zum Lamb/vnd Martz Ludwig Ziegler/alle vier Doctoꝛn vnd Räthe.

Ludwigen Hertzogen zu Würtemperg/ vnd zu Teck/Grauen zu Mümpelgart/Philips von Gemmingen/Eraſmuß von Venningen/obervogt zu Newenpurg/ Kilian Bertſchin Doctoꝛ/vnd Balthaſar Eyſlinger Licentiat.

Ludwigen Landtgrauen zu Heſſen / Grauen zu Catzenelnbogen/Dietz/Ziegenhain vnd Nidda/Johan Heintzenberger Cantzler/ vnd Jacob Lerſener Doctoꝛn.

Philipſen Landtgrauen zu Heſſen/Grauen zu Catzenelnbogen/ Dietz/ Ziegenhain vnd Nidda/Jobſt Didemar Doctoꝛ.

Johan

Johansen Friderichen Herzogen zu Stettin/
Pommern/ der Cassuben/ vnd Wenden/ Fürsten zu
Rugen/vnd Grauen zu Gutzkow/ Luttich Bouchen
auff Lebef/rc. Rath.

Ernst Ludwigen Herzogen zu Stettin/ Pom-
men/der Cassuben vnd Wenden/ Fürsten zu Rügen/
vnd Grauen zu Gutzkow/ Dietterich von Schwerin/
zu Spanskow/vnChristoff Budde zu Netzaw/räthe

Vlrichen Herzogen zu Meckelnbnrg/ Fürsten zu
Wenden/Grauen zu Schwerin/ der landen Rostock
vnd Stargart herrn/Johan Bonck Doctor/ Rath.

Emanuel Philiberten Herzogen zu Sophoi/zu
Cablaiß/vnd zu August/ Printz zu Piemont/rc. Graue
zu Genff/zu Remundt/ vnd zu Niza/ herr zu pref vnd
Ast/rc. Balthasar à Rouoyt à crucis domini.

Philipsen Marggrauen zu Baden/vnd Grauen
zu Spanheim vormundern/ Wilhelm von der Lait-
tern/herr zu Bern vnd Vincentz/ Wiguleus Hundt zu
Sulzenmof/Jörg Christoff von Rorbach zu Hoff-
dorff/vnd Hieronymus Nadler Doctor.

Frantzen des eltern Herzogen zu Sachssen/ Engern vnd Westphalen/ Hans von Sonderßhaussen/
hoffmaister/Gedeon Egling Doctor/vnd M. Niclaus
Harttung.

Adolffen

Abſchiedt zu Speyer

Woiſſen Erben zu Norwegen / Hertzogen zu
Schleßwig/ Holſtain/ Stormarn/ vnd der Ditmar-
ſchen/ Graden zu Oldenburg vnd Delmenhorſt/ Adam
Tratzinger Cantzler/ vnd Frantz Mätzeltin Licentiat.

Georg Ludwigen Landtgrauen zu Leuchtenberg
vormündern/ Wiguleus Hundt zu Sultzemoß pfle-
ger zu Dachaw/ Hieronymus Nadler beyde Doctorn / Conradt von Rechenperg / vnd Caſpar Ezell
Licentiat.

Joachim Ernſten Fürſten zu Anhalt/ Grauen zu
Aſcanien/ herrn zu Zerbſt vnd Berneburg/ Sigmund
von Schlichting/ vnd Friderich Traubott Doctor.

Der vormündſchafft Friderichen Grauen zu Wür-
temperg vnd Mümpelgart/ ꝛc. Balthaſar Eyflinger
Licentiat.

Heinrichen des heiligen Römiſchen Reichs Burggrauen zu Meiſſen/ Grauen zu Harttenſtein/ herrn
zu Plawen vnd Geraw / ꝛc. Johan Godelman Doc-
tor/ vnd Thomas Hoffeheim Secretarius.

Jörg Ernſten Grauen vnd herrn zu Hennenberg/
Heinrich von Erffa.

Niclauſen

Niclausen von Lothringen/ Hertzogen zu Paul
dehmont/ Printzen zu Mercoeur/ vnd Marchgraff zu
Nummeny/ 2c. Johan Bisantzer von Beffurt Doctor
vnd Fürstlicher Lothringischer Rath/ 2c.

Prelaten persönlich.

Michael Abt in der Minderauw/ genant Weisse-
naw.

Prelaten botschafften.

Von wegen Georgen zu Salmanßweiler / Johansen zu Weingarten/ Andresen zu Ochssenhaussen/
Erharten zu Elchingen/ Thomassen zu Jrsee/ Jörgen
zu Roggenpurg/ Jörgen zu Vrsperg/ Martinussen zu
Roth/ Michaeln zu Minderaw genant Weissenaw/
Benedicten zu Schussenriedt/ vnd Christoffen zu
Marchthall/ alle Ept berürte Clöster/ Michael Apt
zu Minderaw genant Weissenaw/ Gall Hager Do-
ctor/ Christoff Creitzer Secretari/ vnd oberampt-
man zu Weingarten.

Otten von Gunß Deutschordens/ Landtcomp-
tur der Ballei Coblentz/ Thomas Mayerhofer Do-
ctor/ Deutschmaisterischer Cantzler.

Christoffen

Abschiedt zu Speyer

Christoffen Apts zu Petershausen / Gall Hager
Doctor.

Albrechten von Wachtentung Apts zu Sanct
Cornelien Münster / Gerlach Radermacher der statt
Aach Syndicus / vnd Wernher Schenck / beyde Doctorn.

Herman Apts zu Werden vnd Helmstat / Herman Grane zu Newenar vnd Mörß / herr zu Berpur /
2c. Heinrich von der Reck / Drost in der Limerschen /
vnd Conradt Fürstenberg Doctor.

Georgen Apts zu Walckenriedt / Peter Bottcher / des Stiffts Halberstadt Cantzler.

Reinharten Apts zu Corwei / Arnoldt von Bucholtz dhumherr zu Meintz vnd Lüttich / Probst zu
Bingen / Jobst von Falckenberg / Corweischer Drost
zu Blanckenaw / vnd Johan Haisterman genant Krämer Secretari:

Johansen Apts zu Kayfershaim / Christoff Layman Doctor Syndicus.

Heinri-

Heinrichen Abes zu Münster in Sanct Gregorien Thal/ Sebold Rölinger Licentiat.

Sigmunden von Hohenstein / Teutsch ordens
Landt Comptur der Ballei Elfaß vnd Burgund/ Johan Ram Doctor.

Abtissin pottschafften.

Von wegen Annen des Kayserlichen frey weltlichen Stiffts Quedelenburg Aptrissinnen / gepornen
Gräuinnen zu Stolperg vnd Weringeroda/ Heinrich Kelner Doctor.

Irmgarten gepornen Gräuinnen vnd edlen toch-
ter zu Diepholtz/ des Kayserlichen frey weltlichen
Stiffts Essen Abtissinnen/ Conradt Fürstenberg
Doctor.

Marien Jacoben Abtissin des gefürsten frey weltlichen Stiffts Buchaw am Federsee/ gepornen Freyin-
nen zu Schwartzenburg/ Johan Ram Doctor.

Barbara Abtissin zu Rottmünster/ Johan Spretter Doctor.

Grauen vnd Herrn persönlich.

Carl Graue zu Zollern vnd Sigmaringen/ herr
zu Haigerloch/ Weistein vnd Hochingen/ des heiligen
Römischen Reichs Erbcammerer.

Friderich Graff zu Ottingen.

               O   Georg

Abschiedt zu Speyer

Georg Graue zu Erpach/ vnnd herr zu Breuberg.

Günther/ Wilhelm/ vnd Albrecht geprüder der vier Grauen des Reichs/ Grauen zu Schwartzenberg herrn zu Arnstatt/ Sonderßhaussen/ vnd Lautenberg/ vor sich vnd jren abwesenden Brüdern/ Graue Hans Günthern zu Schwartzpurg/ rc. Johan Meichßner Doctor.

Anthoni Graue zu Orttenpurg/ Römischer Kayserlicher Maiestat hoffrath/ vor sich vnd von wegen Joachimen vñ Vlrichen geuettern der ältern Grauen zu Orttenpurg/ vnd an statt jres jungen vettern vnd pfleg sohns weilandt Johansen Grauen zu Orttenpurg nachgelassen sohns Graue Heinrichen.

Ludwig Graue zu Leonstain/ vnd herr zu Scharffenegg.

Volrath vnd Carl der älter geprüder/ Grauen vnd herrn zu Manßfeldt.

Anthoni Graue zu Oldenburg vnd Telmenhorst.

Philips Reinhart vnd Georg geprüder Grauen zu Leiningen/ herrn zu Westernburg/ vnd Schawenburg/ des heiligen Römischen Reichs Semper freyen.

Herman Graue zu Newenar vnd Mörß/ herr zu Betpur vnd Rodemach/ Ertzhoffmaister des Ertzstiffts Cölln.

Adolff Graue zu Newenar vnd Limpurg/ herr zu Alpen.

Ludwig Graue von Sain zu Wittgenstain/ herr zu Hamburg/ rc.

Herman

Herman Grafe zu Sein/ herr zu Hamburg/ Mün=
Cler/ vnd Mainzenperg/ vor seinen vettern vnd bru=
der/ Grafen Sebastian vnd Heinrichen.

Johan Grafe zu Schwarzenberg/ vnd herr zu
hohen Laußperg/ vor sich vnd von wegen seines bru=
ders Grafe Paulussen.

Wilhelm Freyherr zu Kriechingen vnd Pittin=
gen/ für Weirichen Freyherrn zu Kriechingen vnd
Pittingen seinen vettern.

Egart vnd Johan gebrüder/ Grauen zu Ostfries=
landt.

Von wegen der Wetterawischen
Grauen.

Philipsen Grauen zu Solmß/ vnd herrn zu Mün=
zenberg/ ꝛc. vor sich selbst vnd als vormundt weilandt
Graue Friderich Magnussen seligen von Solms Lau
pachs nachgelaßner söhne/ Hans Georgen vnd Ot=
thonis gebrüder.

Ludwigen Grauen zu Stolberg/ Königstein/
Rutschforth vnd Weringeroda/ herr zu Epstein/
Münzenberg vnd Breuberg.

Philipssen Grauen zu Hanaw vnd herrn zu Lich=
tenberg des ältern/ ꝛc.

Johanssen Grauen zu Nassaw vnd zu Sarprug=
gen herrn zu Labr/ vor sich selbst/ vnd als vormundt
weilandt Grauen Balthasars zu Nassaw Rystein/ ꝛc.
seligen nachgelassenen sohns/ Johan Ludwigs/ ꝛc.

O ij   Johans

Abschied zu Speyer.

Johansen Grauen zu Nassaw/ Catzenelnbogen/ Vianden und Dietz/ herrn zu Beylstein/ vor sich selbst vnd seine beyde gebrüdere Ludwigs vnd Heinrichs auch als vormundt weilandt Grauen Philipsen zu Hanaw/ Müntzenberg/ic. seligen nachgelaßnen Sohns/ Philips Ludwigen.

Ernsten vnd Eberharten gebrüdere Grauen zu Solms vnd Herrn zu Müntzenberg.

Albrechten vnd Philipsen gebrüder Grauen zu Nassaw vnd Sarpruggen/ic.

Ludwigs Grauen von Sain herrn zu Wittgenstein/ic.

Pilipsen/ Ludwigen/ Georgens/ Wolffgangs/ vnd Heinrichs gebrüdere vnd gevettern Grauen von Rsenburg/ vnd herrn zu Büdingen/ic. Johan Meichßner vnd Heinrich Kelner beyde Doctores.

Von wegen der Schwäbischen Grauen vnd Herrn/ als:

Georgen Grauen zu Helffenstein vnd Freyherrn zu Gundelfingen für sich selbs/ vnd in namen weilandt Ulrichen Grauens zu Helffensteins/ Freyherrn zu Gundelfingen seligen hinderlaßnen Söhnen.

Friderichen Grauen zu Ottingen.

Philipsen Grauen zu Eberstein.

Ulrichen Grauen zu Montfortt/ vnd Rottenfelß herrn zu Tetnang/ Argen vnd Wasserburg.

Dallwig

Dallwig Grauen zu Sultz/ Landgrauen im Gles
chaw/ herrn zu Bludeneck vnd Schellenberg.

Heinrichs vnd Joachim Grauen zu Fürstenberg
Heiligenberg/ vnd Werdenberg/ Landtgrauen in Bä-
re/ herrn zu Haufen im Kintzgerthal.

Heinrichs Graffen zu Lüpffen/ Landtgrauen zu
Stielingen/ vnd Herrn zu Hewen/ für sich selbst vnd
anstatt weilandt Quirin Gangolffs Freiherrn zu hochen Gerolzeck vnd Sultz seligen hinderlaßnen sohns

Wilhelms Grauen zu Zimbern/ herrn zu Möß-
kirch/ Wild vnd Falckenstein.

Georgen von Frondtsperg/ Freyherrn zu Mindel-
heim/ herrn zu Sanct Petersberg vnd Störtzingen.

Jacobs des heiligen Römischen Reichs Erbtruch-
sässen/ Freyherrn zu Waldburg/ 2c. für sich vnd an stat
seiner brüder.

Friderichen des heiligen Römischen Reichs Erb-
truchsäßen / Freyherrn zu Waldtpurg/ 2c. für sich vnd
anstatt seiner brüder.

Weilandt Hanß Jacoben Freyherrn zu Königseck
vnd Aulendorff/ seligen verlaßner Sohne vormunds-
schafft.

Wilhelms Freyherrn zu Graueneckh / herrn zu
Marschalch Zimbern.

Ludwigen Freyherrn zu Graueneckh/ herrn zu
Eglingen vnd Osterhouen.

O iij   Vlrichs

Abschiedt zu Speyer

Vlrichs Freyherrn zu Graueneck / herrn zu Burberg.

Johan Georgen von vnd zu Paumgarten / Freyherrn zu Hochen Schwangen vnd Erbbach.

Carl Graff zu hochen Zollern / Sigmaringen / vnd Veringen / herr zu Haygerloch / Werstein vnd Hechingen / des heiligen Römischen Reichs Erbcammerer / ꝛc vnd Johan Ram der rechten Doctor / Schwäbischen Grauen vnd herrn Rath.

Michael Ludwigs von Freyburg / inhaber der herrschafft Justingen / Johan Ram Doctor.

Von wegen Gottfrieden Grauen zu Ottingen / vnd seiner minderjärigen gebrüdern vormundtschafft Ludwig Gremp von Freudenstein / der statt Straßpurg Aduocat / vnd Jacob Moser beyde Doctorn.

Johansen Heinrichen vnd Emichen Grauen zu Leyningen vnd Dachspurg / herrn zu Appermont genettern / Conradt Aecontius Pfeilsticker Licentiat / Bischofflicher Straßburgischer rath.

Volckmar Wolffen Grauen zu Honstein / herr zu Lohra vnd Clettenberg / Peter Botticher Rath / des Stiffts Halberstatt Cantzler.

Johansen Grauen zu Salm / herrn zu Vieuirs / Vinstingen vnd Brandenburg / Johan Bisantzer von Beffurt Doctor / Fürstlicher Lothtingischer Rath.

Christoffen dhumbprobsten zu Halberstat / Ludwigen / Heinrichen vnd Wolff Ernsten geprüdern vñ vettern / allen Grauen zu Stolberg / Königstein / Rütschforr /

Kutſchfort/ vnd Weringeroda/ herꝛn zu Epſtain/
Müngenperg/Aigmond/vnd Breuperg/ꝛc. Heinrich
Kelner Doctoꝛ.

Albrechts Jörgen Grauen zu Sto᾽perg/Königs-
ſtin Kutſchfort vnd Weringeroda/ herꝛ zu Epſtain/
Müngenperg/ Breuperg/ vnd Aigmont/ Heinrich
Kelner Doctoꝛ.

Johanſen Grauen zu Wied/ herꝛn zu Runckel
vnd Eiſenperg/ꝛc. Conradt von Offenbach Doctoꝛ.

Hanß Jörgen/Peter ernſten/Hans Albrechten/
Hans Hoyern/ vnd Hanß Ernſten voꝛ ſich vnd jhre
abweſend vettern Grauen vnd herꝛn zu Manßfeldt/
Edelherꝛn zu Heldrungen/ Jacob Streit Licentiat.

Otten vnd Erichen gebꝛüdern Grauen zur Ho-
ya/Ritperg/vnd Bruchauſen/ herꝛn zu Eſenz/ Se-
dedorff vnd Witmünde/ Friderich von Weige Doctoꝛ.

Johanſen von Daun Grauen zu Falckenſtein/zum
Oberſtein/vnd zu Bruch/ Johan Roßbeck Doctoꝛ.

Sebaſtian von Daun Graben zu Falckenſtein/
herꝛn zu Oberſtein vnd zu Bruch/ Conrad von Offenbach Doctoꝛ.

Annen Gräuinnen zu Bentheim/ Teckelnpurg vnd
Steinfurt/ Frawen zu Rhede vnd Weuelinhouen
Wittibin/ als voꝛmünderinnen jres ſohns Arnoldts
Grauen zu Bentheim vnd Steinfurt/ Bernhart Ru-
hoꝛn Doctoꝛ.

Georg Ludwigen vnd Carln geuettern vnd gebꝛüdern Grauē zu Gleichē/ herꝛn zu Thonna/Blancken-
haim

Abstandt zu Speyer

haini vnd Crauchfeldt/ auch iñ tragender vormundt=
schafft ires vetern vnd mündlins Graff Gebharten zu
Gleichen/Kilian Reinhardt Doctor.

Herman Simon Grauen vnd edelherren zur Lipp
vnd Spiegelberg/ auch der vormundschaffe Simons
Grauen vnd edelherrn zu Lipp/ Caspar Fürstenperg
Drost der ämpter Beilstain vñ Waldenperg/Michael
Glaser Doctor/vnd Johan Atzrod Licentiat/Cölln=
nische Churfürstliche Räth.

Wilhelm Grauen zu dem Berg/ Freyherrn zu
Bochonehr vnd Bilant/ herr zu Hedel/ Hoimodr/
Haibs/ Wisch vnd Spalbeck/Arnoldt Rosenberger
Doctor Rath.

Heinrichen des mitlern/vnd Heinrichen des jün=
gern gebrüdern Reussen/ herrn zu Blawen/herrn zu
Graitz/ Cranchfeld vnd Geraw/ Johan Berlin Do=
ctor.

Johansen von Hohenfels/herrn zu Reipolts kir=
chen/Ruringen vnd Furpach/ic. Philips Wolff von
Rosenbach Doctor.

Johan Bernharten von Stauff Freiherrn zu
Ernselt/Georg Hübel richter zu Regenspurg.

Wolff Dietterichen von Mächsselrain/Freyherr
zu Waldeg/Wilhelm von der Laittern/ herr zu Bern=
vnd Vincentz.

Der

Im jar 1578. vffgericht. 57
Der Frey vnd Reichs stett
Gesandten.

Reinisch Banck.

Von wegen Cölln/ Laurentius Weber von Hagen Secretari.

Aach Gerlach Radermacher Doctor Syndicus.

Straßpurg Wolff Sigmundt Wurmbser Statt meister/Abraham Heldt Ammaister/Ludwig Gremp von Freydenstein Doctor/ vnd Theodosius Garbelius Stattschreiber.

Lübeck/Herman von Vecheldt Doctor Sindicus.

Wurmbs/ Job von Moß alter Stattmaister vnd Conradt von Offenbach Doctor Aduocatus.

Franckfurt/ Carl von Glaupurg Bürgermaister/vnd Arnoldt Engelbrecht Doctor Aduocat.

Hagenaw mit sampt den Stätten in die Landtvogtey Hagenaw gehörig/nemlich/Colmar/Schletstatt/Weissenburg/Landaw/Obernehenhaimb/Kay
P   serßperg/

Abschiedt zu Speyer

serßperg/Münster in Sanct Gregorien Thal/Roß-
haim/vnd Dürckheim/Rochus Botzheim/Stätmai-
ster zu Hagenaw.

Goßlar/Christoff Trautenbühel Doctor Syndicus.

Dortmundt/Lorentz Wöber von Hagen der statt
Cölln Sacretari.

Wetzlar/Carl Heintzenberger Stadtschreiber.

Frißperg in der Wetteraw/ Adolff Zückwolff
vnd Zacharias Mülner.

Obernehenhaim/Lorentz Waller alter Stattmai-
ster/vnd Andreas Lang Stattschreiber.

Schwäbische Banck.

Von wegen Regenspurg/Johan Steurer/Haus-
bolt Fledacher beyde des Raths/ Johan Diemmaier
Doctor Aduocat / vnd Magister Niclaus Dintzel
Syndicus.

Aufpurg/ Johan Matheus Stambler/ Conradt Pius Peuttinger Doctor Aduocat.

Nürnberg/ mit befelch Wintzheim vnd Weissenburg am Norggaw/ Georg Volckhamer/ Thoma Le-
sselholtz/

...bolg/ bayde des gehaimen Raths Jacob Fürerer/
Julius vnd Philippus die Fryder von Heimßberg
beyde des jnnern Raths.

Vlm/ Daniel Schad des eltern geheimen Raths/
Albrecht Schad/ Anthoni Schleucher / beyde des
Raths/ Heinrich Schilbock Licentiat/ vnd Veit Wick
Doctor/ beyde der Statt Aduocaten/ mit gewalt vnd
befelch nachgeschriebner Statt/ Nemblich/ Reuttlin-
gen/ Vberlingen/ Gemußhdt/ Memmingen/ Lindaw/
Biberach/ Rauenspurg/ Kempten/ Keuffbeuren/ Is-
nii/ Leutkirch/ Gingen/ Wangen/ Büchen/ Aalen/ Bop-
fingen vnd Buchaw am Federsee.

Eßlingen/ Matheo Herwart/ vnd Johan Kröt-
len Doctor Syndicus.

Nördlingen/ Peter Seng Bürgermaister/ vnd
Sebastian Rötinger Doctor Syndicus.

Rottenburg an der Thauber/ Zacharias Wörni-
tzer/ vnd Güntherus Bock Doctor Syndicus.

Schwäbischen Hall/ Conradt Fuchs Stattmai-
ster/ vnd Alexander Henlein Doctor Syndicus.

Rottweil/ Johan Spretter Doctor Syndicus.
P ij Heil-

Abschiedt zu Speyer

Heilprun / Vlrich Winter Schultheiß / vnd Steffan Feyrabendt Licentiat Syndicus.

Dünckelspihel / Bernhart Kreß Licentiat Syndicus.

Schweinfurt / Johan Fischer des Rath / vnd Adam Alberti Stattschreiber Syndicus.

Wimpffen / Niclbus Maler / Burgermeister / Hanß Mayer alter Schultheiß / vnd Leonhart Bleymaier Stattschreiber.

Donauwerdt / Mattheus Fünck Burgermaister / vnd Wolff Tischinger Stattschreiber.

Offenburg / Alexander Fabri Stattschreiber.

Speyer mit befelch der Stätt Mülnhausen vnd Weilderstat / Peter Augspurger Bürgermeister / Hamen Petsch alter Bürgermaister / vñ Josephus Feuchter Licentiat Stattschreiber.

Des zu vrkundt / haben wir von Gottes gnaden Daniel Ertzbischoff zu Meintz / vnd Friderich Pfaltzgraue bey Rhein / Hertzog in Bayern / zc. beyde Churfürsten / von vnser vnd vnserer mit Churfürsten wegen / Georg von Kienburg zu Kieneck vnd Newkirchen / dhumbher: zu Saltzburg / vnd Ludolff Halffer Doctor Saltzburgischer vnd Bayerischer gesandten /

von

von der Geyſtlichen vnd Weltlichen Fürſten wegen/
Michael Abt des Gotteshaus Minderaw genant
Weiſſenaw/von wegen der Prelaten/Johan Reichß=
ner Doctor von der Graffen vnd Herrn wegen/ vnd
wir Burgermeyſter vnd Raht der ſtatt Speyer/von
vnſer vnd der frey vnd Reichs Stätt wegen/ vnſer
Inſiegel vnd pitſchafften reſpectiue an gieſen abſchiedt
thun hencken/geben in vnſer Keyſer Maximiliani vnd
des Heyligen Reichs Statt Speyer/Montags den
eylfften tag des monats decembris/ nach Chriſti vn=
ſers lieben Herrn geburte/im fünffzehenhundert vnd
ſiebenzigſten/ vnſerer Reich des Römiſchen im
neundten/des Hungeriſchen im achten/vnd
des Beheymiſchen inn zwey vnd
zwenzigſten jaren.

Maximilianus.

Daniel Archiepiſcopus
Moguntinenſis.

V. Io. Bap.
Weber. D.

Der Römischen

Kayserlichen Maiestat / vnnd deß

heyligen Reichs reutterbestallung: Item von bestellung
des feldes: ernewert reutter recht / vnd dann der Teutschen knecht articuln: sampt verzeychnuß etlicher sondern puncten obuermeldter bestallung
vnd articulen anhengig.

Anno   M. D. LXXI.

ir Maximilian der
ander / von Gottes
gnaden erwöhlter
Römischer Kayser/
zu allen zeitten meh=
rer des Reichs / in
Germanien/zu Hun=
gern/Behaim/Dal=
matien / Croatien
vnnd Sclauonien/
zc. König: Ertzher=
tzog zu Osterreich/hertzog zu Burgundi vñ Braband/
Steyer/Kärndten/Crain vñd Württemberg: Graue
zu Tyrol/ zc. Bekennen vnd thun kundt hiemit gegen
aller menniglich / Als wir vns auff gegenwürtigem
vnserm Reichstag neben den erscheinenden Churfür=
sten/ Fürsten vnd Stånden / vnd der abwesenden ge=
sandten/ råthen vnd pottschåfften/ bey berathschla=
gung des articuls gemeinen friedens vnter anderm zu
bedåchtlichen Kayserlichen gemüth gefürt/ Wie vor
zeitten die Deutsche kriegsleut sich aller manlichen tu=
gent/ redlichait / vnd erbarkeit beflissen/ gutte kriegs
ordnung/recht vnd disciplin gehalten/dardurch sie bey
allen nationen gerümbt / vnd aber es nunmehr dahin
komen/daß die alte Deutsche freyheit in kriegs zügen
zuuiel mißpraucht/die vnschüldige armen leuth allent=
halben beschwert/belerdigt / alle erpare disciplin vnnd
ordnung des reutter vñ kriegs rechten/in vergeß oder
auch veracht geråten wil/Daß wir deinnach zu erhal=
tung besser kriegs Regiments vnd pflantzung der alten
Deutschẽ zucht/erbar vñ redlichkeit in kriegs leufften/
vns mit Churfürsten/ Fürsten/ gemainen Stånden/
vnd abgesandten/vnd sie hinwider mit vns / einer ge=
meinen reutter bestallung/vnd articuls brieff/wie die
selbigen

Reutterbestallung zu Speyer

selbigen mehr vnserm auff diesem Reichstag auffge=
richten Kayserlichen/ vnd des hailigen Reichs ab=
schiedt/ins Reich publicirt vnd in truck geben werden
soll/verglichen/ Setzen/ ordnen vnd wöllen das nun
hinfüro denselbigen in zutragenden kriegsfällen furch
gangen/ alle vnd jede kriegsleuth/ sie seyen öbristen/
rittmeister/haupt befelchs/ oder gemeine kriegsleut/
biß auff den vndersten/ sich darnach verhalten/ vnd
darüber gehandtfest werden sollen/wie solche verord=
nung vnd gemeine vergleichung hernach schuldig
derschiedlich mitpringt.

Vnsere vnd des hailigen Reichs
reutter bestallung.

I.

¶ Erstlich sollen die reutter mit wolgeübten knech=
ten/vnd rüstungen/ nemlich woldeckenden schürtzen/
ermelen/ruck/kreps/ handt vnd hauptharnisch/deren
jeder zum wenigsten mit zweien gerechten faust vnnd
feurschlagenden püchssen gefast vñ versehen seyn/auff
vnser vnd des Reichs erfordern vnd auffmanen/an be
stimpten musterplatz/ welcher jhnen jederzeit benennt
werden soll/ gegen erlegung eines halben monats sol=
des/auff das anrit gelt/zum fürderlichsten zu der mu=
sterung erscheinen/auch vom tag der musterung anzu=
reitten/vns vnd dem heiligen Reich damit drey monat
lang/die nechsten nach einander/ vnd volgends so lang
wir vnd das hailig Reich jrer bedürffen würden ge=
treulich/redlich vnd auffrecht zu dienen schüldig sein.

II.

¶ Item vor dem anrit soll jnen auff jedes pferd das
nacht=

nacht gelt N. kreutzer/ vnd auff ein wagen N. kreutzer
passirt werden/ Doch soll ein jeder sein anrit bey seinen
pflichten der muster Commissarien anzuzeigen/ vnd
jedes tags vier meilen zu reitten schuldig sein/ aber den
fünfften tag mögen sie still ligen.

III.

¶ Damit sollen sie auff den musterplatz reitten/
vnd der musterung alda erwarten: Im fall aber die
musterung etliche tag verschoben würdt/ sollen dieselb-
bige tag auff das pferdt N. kreutzer neben dem wagen
gelt weitter passirt vnd bezalt werden.

IIII.

¶ Vnd damit sich die reutter dessen desto wenig-
ger zu beschweren/ so soll durch eines jeden orts/ da solcher anzug hintreffen würdt/ ordentliche obrigkeit ein
leidliche tax/ nemblich N. kreutzer/ vor roß vnd man
vber nacht/ vnd von wagen rossen N. kreutzer zunemen den wirtten geordnet/ vnd daneben mit ernst die
reutter darüber nit zu vbersetzen verpotten/ oder sollen sie derhalben gestrafft werden/ Des sollen sich hin-
gegen die reutter mit zimblicher tractation auch begnü-
gen vnd sättigen lassen.

V.

¶ Item in den anzügen sollen der öbrist vnd die
Rittmeister schuldig sein/ die reutter alßpald in rotten
aufzuthailen/ vnd bey jeder rott den rittmeistern oder
sonsten

sonsten ein gewisse person zůzuordnen/ vnd an allen
enden vnd orten/ da sie durchziehen vnd gefürt wer-
den/des Rottmeisters oder der zůgeordneten person
rechten namen angeben vnd verzeichnen lassen/ Damit
auff den fall/ da etwo durch die reutter den vnderthanen vergwaltigung vnd schad zugefügt würdt/ vnd
dargegen klag vorfile/man wissen möcht/wen man darumb anzusprechen vnd anzulangen hab/auch nach gestalt der verwürckung an dessen leib oder gůt/gepür-
licher weiß sich erholen kundt/ vnd sonst die Rittmeister wissen mögen/ wem sie derwegen an seiner bestallung etwas eynzuhalten haben.

VI·

¶ Item es soll den reuttern nach beschehner musterung auff die hande ein gantzer monat soldts/ als
nemlich 11. gülden auff jedes raysigs in der musterung
gut gemacht pferdt/zů besoldung geben werden/sampt
dem wagen gelt/troß vnd rottmeister gülden vnd au-
dern vorthail gelt/so diese bestallung vermag.

VII.

¶ Item es soll der monat pald mit der musterung anfahen/ auch dreissig tag vor ein monat zu rech-
nen passirt werden/ Vnd wenn wir oder das hailig
Reich hernacher vber kurtz oder lang jrer weitter nit
bedürffen/sondern sie vrlauben würden/so sol der abritt wie der antritt mit jnen abgerechnet/ vnd bezalt/
aber weitter auff die ämpter oder ander vorthail gelt
nichts geben werden.

                                              Item

VIII.

¶ Item es sol nach verscheinung der bestimpten
ersten musterung/ darauff sich jeder mit seinen reuttern
zuerscheinen gefaßt machen soll/ den nachkommenden
reuttern keine nachmusterung gestattet / noch wir
oder das hailig Reich des antritts gelds oder anderer
ufforderung halben/ an sie gehalten seyn/ Es hett sich
dan etwo einer auß ehehafften wissentlichen ursachen
auffhalten oder saumen lassen: Da auch einer von den
geworbnen Reuttern mehr dann seine bestimpte an-
zal/oder jme zugelassen were/pringen würdt/ und dieselbigen zugleich andern underhalten haben wolt/
Sollen wir oder das hailig Reich derwegen mit nichten verpunden seyn/ darnach sich ein jeder zurichten
wisse.

IX.

¶ Item da wir oder das heilig Reich dieser reutter nach gehaltener musterung/ innerhalb oder vor
auffgang dreyer monaten /nicht weitter bedürfften/
und sie beurlauben würden/ nemblich im ersten oder
andern monat /nach verscheinung viel oder weniger
tage/ so sollen jnen nicht desto weniger die drey monat
vor voln bezalt / aber doch der abzug oder abritt darin gerechnet werden: Im fall sie aber im dritten monat beurlaubt/es sey frü oder spat/ so sol jhnen der abzug zu sampt den volligen drey monaten bezahlt werden.

C   Item

X.

¶ Item wo einer oder mehr sein anzal an gutten wagenpferdten in der musterung nicht hett/ so sol jme souiel an dem wagen geldt durch die Commissarien ab-gezogen werden/ Wo auch einem eins oder mehr wa-genpferdt erlegen/oder abgingen/so soll er dieselbigen alßpaldt wider zuerstatten/ vnd zu erfüllen schuldig seyn/Welche aber von den feinden erschossen/oder vm-kommen wurden/ dieselbigen sollen denselbigen monat vor gut passiert/vnd hernach ohn weitters sy̆l erstat-tet werden.

XI.

¶ Item da sich zutrüge/daß man der reutterwa-gen zu des kriegs wesen vnuermeintlichen notturfft beddrffen würdt/ vnd die reutter deren zur selbigen zeit one jren sondern grossen schaden entrathen künd-ten/so sollen sie dieselbigen folgen zulassen/ vnd damit zudienen schuldig sein.

XII.

¶ Item es soll keiner ainig gemustert vnd gut gethan raissig pferd/oder troß klepper in wagen span-nen/anders dann in nothfellen/ vn̄ mit vorwissen vnd erlaubnuß seines Rittmeisters/welche jme doch on er-hábliche vrsachen nicht soll geben werden.

XXIII.

¶ Item ein jeder Rittmeister soll vnter seiner fanen

fanen vngefehzlich drey hundert pferd haben/auff ge=
fallen vnd meſſigung der Commiſſarien vnd öbriſten.

XIIII.

¶ Jtem dem Rittmeiſter ſoll auff jedes gerü=
ſtes pferdt/ ſo in der muſterung paſſirt würdt/ mo=
natlich ein gülden rittmeiſter geldt gut gemacht wer=
den.

XV.

¶ Jtem es ſollen auch allwége aber fünffzig pfert
ein rittmeiſter/ vnd auff jeden Rittmeiſter fünff vnd
zwentzig gülden/ mehr alle wegen auff zwölff pferdt
ein troſ klepper/ vnnd darauff ſechs gülden/auff ein
Leutenant dreiſſig zwen güldē/auff ein Fenderich vier
vnd zwentzig gülden/ auff zwen trometer jeden vber=
ſoldt zwölff gülden/ Jtem auff ein Schreiber/auff ein
feldſcherer/auff ein furirer/ jeden vberſold zwölff gül=
den/auff ein ſewrſchloßmächer zwölff gülden/auff ein
ſattler ſechs gülden/ auff ein hueffſchmidt zwölff gül=
den vberſold/auff zwen trabanten jedem acht gülden/
ſo ferr ſie in der muſterung vorhanden/ dergleichen
auff ein Caplan oder predicanten/ wo ferrn der zuge=
gen/ zwentzig vier gülden/ paſſirt vnd bezalt werden.

XVI.

¶ Jtem dieweil der Rottmeiſter gülden den
Rottmeiſtern darumb zalt vnd geben würdt/ daſ ſie
Q ij   ſchüldig

schüldig sollen seyn/ die geraisigen neben andern be-
felchsleutten in gutter ordnung vnd regiment zuhal-
ten/vnd sich aber etwo bißdahero zugetragen/daß die
Rottmeistern denselbigen vor sich behalten/ vnd hernacher die Rottmeister da man eintziger weiß auff zu-
ge vnd wacht die reutter verschicken sollen/mit keinem
sondern rottmeister/darauff sie beschaiden weren/ver
sehen gewesen seyn/auff welchen aller hant vnordnung
vnd vngehorsamb mehrmahln eruolgt/ So soll demnach jeder Rottmeister schuldig seyn/ den Rottmeister gülden ordenlich vnder seiner fanen außzutheilen/
vnd allewegen vber fünfftzig pferdt ein Rottmeister
zuordnen/ vnd dauon zu vnderhalten/auch namhafft
zumachen/ damit sie denselbigen/wo es von nöthen/
vnd so offt rotten weiß von fane auffzuge oder wacht
verschickt werden/ jr auff sehens zu haben wissen.

XVII.

¶ Es sollen auch die obristen vnd Rittmeistern
schüldig sein/was sie weiters auff jr befelchs leut vnd
gemeine reutter entpfangen/namhafft zumachen/auch
getreulich vnd auffrichtig vnder sie außzutheylen / da
auch einer das vbertretten würdt/ soll er darumb zu-
reden gestalt vnd gestrafft werden.

XVIII.

¶ Item es sol auch jeder Rottmeister mit sein zu
geordneten fünfftzig pferdten/ ordentlich nach einander im muster register verzeichnet vnd geschriben wer
den/vnd jhe einer dem andern mit denselbigen in der
musterung durchreitten.

Item

XIX.

¶ Item es sollen auch solche Rottmeister auff den zugen vnd füterungen/vnd sonsten/wo es von nö= then/sonder auffsehens auff jre vndergeben reutter haben/damit man die vbelthäter desto besser erkündi= gen/vnd zu gepürlichen straffen anhalten möge.

XX.

¶ Dieweil auch die langen reihen im gantzen kriegs wesen auß vilen vrsachen beschwerlich vñ nach= theilig seyn/so sollen keinem Rittmeister vber zwölff pferd/vnd keinem vom adel vber sechs oder acht pferd/ vnd keinem Grauen oder herrn vber zehen oder zwölff pferdt passirt vnd gut gethan werden/Es were dan/ daß etwo ein statlicher vermöglicher Graff/herr oder vom Adel mit einer mehrern anzal gantz wol staffirt/ vnd auffgerüst/ in der musterung erschiene/demselbi= gen mögen die muster Commissarien etliche pferdt wol weitter passiren lassen.

XXI.

¶ Item es sollen auch die obristen vnd Rittmei= ster nicht gestatten/daß sich jetzt viel in einer reihen zu= sammen schlagen/vnd vnder eines namen in der muste= rung durchreitten/sondern es sol jeder mit seinem tauff vnd zunamen/ vnd seinen pferden/ ordentlich in dem muster register verzeichnet sein/vnd durchreitten.

Q iij   Item

XXII.

Item es soll auch vnder diesen reuttern einem
jeden herren oder vom adel / so fünff oder sechs pferdt
hat / nicht mehr dann ein bub / der aber nur vier oder
drey pferdt hat / kein jung passirt werden / Da auch einer schon mehr dann sechs pferdt hat / soll jhme dann
nocht nicht mehr dann ein jung / welcher aber völlig
zwölff hat / zwen jungen passirt werden.

XXIII.

Item ein jeder herr oder juncker / so sechs pferd
oder darüber hat / soll darunder einen knecht mit einem langen rohr gestaffirt haben / der zu roß damit
vmbgehn / vnd sich vor dem feindt geprauchen kundt /
dieweil sich befindt / das solche lange rohr dem Krieges-
wesen vnnd den reuttern selbst / in viel wegen voim
feindt zu gutten kommen.

XXIIII.

Item es sollen der öbrist vnd die Rittmeistern
vermög dieser jrer bestallung schuldig seyn / keine pferd
zuwerben / oder ins regißter / vnd in die musterung zu
pringen / da der juncker oder herr nit selbst persönlich
im feldt gegenwürtig ist / noch die pferdt vnder keinem
frembden namen / vnd dem sie nit aigentlich zugehörn /
durchreitten lassen.

Item

XXV.

¶ Item dieweil es auch jetzo auffkommet/daß etli=
che herrn oder junckern jre pferd vnder die fanē schrei=
ben laffen/ vnd doch mit jhrer perſon oder einem oder
zweyen kleppern/die ſie vorgeben vbrig zuhaben/frey/
vnd niemandt vnderworffen ſein wöllen/darauß al=
lerley vngleichait/ vngehorſamb/ vnd vnordnung im
kriegs weſen/ vnd vor dem feindt erfolgt/dieweil ſol=
che leuth niemandt gehör geben/ vnd allein wie es ſie
gelüſt thun vnd reitten wöllen/ Demnach ſollen die
Rittmeiſter keine herren vñ vom adel vnder jren reut=
tern geſtatten/ die nicht gleich andern in das regiſter
geſchrieben/ vnd mit pflichten vnd gehorſam verpun=
den ſeyen.

XXVI.

¶ Item es ſollen die Rittmeiſter ſoviel jmmer
möglich jre reutter auf denen vomadel/vnd nicht von
einſpennigen knechten bewerben/ Es ſollen auch den=
ſelbigen in der muſterung keine lange reihen/ſondern
allein etlichen alten verdienten vnd bekandten knech=
ten/ auff beſondere befürderung vnd anhalten des
Rittmeiſters etliche wenig pferdt/ nach ermeſſen des
Commiſſarien, gut gemacht werden.

XXVII.

¶ Item es ſoll jeder herr vnd juncker von hauß
auß/ſeine knecht dermaſſen beklaiden/ damit jr leib vor
kelt vnd vngewitter beſchützt/ vnd die büchſtn wol
bedeckt ſein mögen.

Item

Reutterbestallung zu Speyer

selbigen mehr vnserm auff diesem Reichstag auffgerichten Kayserlichen/ vnd des hailigen Reichs ab-
schiedt/ins Reich publicirt vnd tü bunt geben werden
soll/verglichen/ Setzen/ ordnen vnd wöllen das wir
hinfüro denselbigen in zutragenden kriegsfällen/nach-
gangen/ alle vnd jede kriegsleuth/ sie seyen öbristen/
rittmeister/haupt befelchs/ oder gemeine kriegsleut/
biß auff den vndersten/ sich darnach verhalten/ vnd
darüber gehandt fest werden sollen/wie solche bekom-
mung vnd gemeine vergleichung hernach solche vnd
verschiedlich mitpringt.

Vnsere vnd des hailigen Reichs
reutter bestallung.

I.

¶ Erstlich sollen die reutter mit wolgeübten knech-
ten/vnd rüstungen/ nemlich woldeckenden schärtzen/
ermelen/ruck/kreps/ handt vnd hauptharnisch/deren
jeder zum wenigsten mit zweien gerechten faust vnnd
feur schlagenden püchssen gefast vñ versehen seyn/auff
vnser vnd des Reichs erfodern vnd auffmanen/an bestimpten musterplatz/ welcher jnnen jederzeit benendt
werden soll/ gegen erlegung eines halben monats sol-
des/auff das anrit gelt/zum fürderlichsten zu der musterung erscheinen/auch vom tag der musterung anzu-
reitten/vns vnd dem heiligen Reich damit drey monat
lang/die nechsten nach einander/ vnd volgends so lang
wir vnd das hailig Reich jrer bedürffen würden ge-
treulich/redlich vnd auffrecht zu dienen schüldig sein.

II.

¶ Item vor dem anrit soll jnen auff jedes pferd das
nacht-

nachtgelt II. kreuzer/ vnd auff ein wagen II. kreuzer
passirt werden/ Doch soll ein jeder sein anrit bey seinen
pflichten der muster Commissarien anzuzeigen/ vnd
jedes tags vier meilen zureitten schuldig sein/ aber den
fünfften tag mögen sie still ligen.

III.

¶ Damit sollen sie auff den musterplatz reitten/
vnd der musterung alda erwarten: Im fall aber die
musterung etliche tag verschoben würdt/ sollen diesel
bige taz auff das pferdt II. kreuzer neben dem wagen
gelt weitter passirt vnd bezalt werden.

IIII.

¶ Vnd damit sich die reutter dessen desto weni
ger zu beschweren/ so soll durch eines jeden orts/ da sol
cher anzug hintreffen würdt/ ordentliche obrigkeit ein
leidliche tax/ nemblich II. kreuzer/ vor roß vnd man
vber nacht/ vnd von wagen rossen II. kreuzer zune
men den wirtten geordnet/ vnd daneben mit ernst die
reutter darüber nit zu vbersezen verpotten/ oder sol
len sie derhalben gestrafft werden/ Des sollen sich hin
gegen die reutter mit zimblicher tractation auch begnü
gen vnd sättigen lassen.

V.

¶ Item in den anzügen sollen der öbrist vnd die
Rittmeister schuldig sein/ die reutter alspald in rotten
aufzuthailen/ vnd bey jeder rott den rittmeistern oder
sonsten

sonsten ein gewisse person zuzuordnen / vnd an allen
enden vnd orten / da sie durchziehen vnd gefürt werden/des Rottmeisters oder der zugeordneten person
rechten namen angeben vnd verzeichnen lassen/Darmit
auff den fall/da etwo durch die reutter den vnderthanen vergwaltigung vnd schad zugefügt würdt/vnd
dargegen klag vorfile/man wissen möcht/wen man darumb anzusprechen vnd anzulangen hab/auch nach gestalt der verwürckung an dessen leib oder gut/gepürlicher weiß sich erholen kundt/ vnd sonst die Rittmeister wissen mögen/ wem sie derwegen an seiner bestallung etwas eynzuhalten haben.

VI.

¶ Item es soll den reuttern nach beschehner musterung auff die handt ein ganzer monat soldts/alß
nemlich XI.gülden auff jedes rayssgs in der musterung
gut gemacht pferdt/zu besoldung gebē werden/sampt
dem wagen gelt/troß vnd rottmeister gülden vnd andern vorthail gelt/so diese bestallung vermag.

VII.

¶ Item es soll der monat paldt mit der musterung anfahen/ auch dreissig tag vor ein monat zurechnen passirt werden / Vnd wenn wir oder das hailig
Reich hernacher vber kurtz oder lang jrer weitter nit
bedürffen/sondern sie vrlauben würden/so sol der abritt wie der anritt mit jnen abgerechnet/ vnd bezalt/
aber weitter auff die ämpter oder ander vorthail gelt
nichts geben werden.

Item

VIII.

¶ Item es sol nach verscheinung der bestimpten
ersten musterung/darauff sich jeder mit seinen reuttern
zuerscheinen gefaßt machen soll/den nachkommenden
reuttern keine nachmusterung gestattet/noch wir
oder das hailig Reich des antritts gelts oder anderer
aufoderung halben/an sie gehalten seyn/Es hett sich
dan etwo einer auß ehehafften wissentlichen vrsachen
auffhalten oder saumen lassen: Da auch einer von den
geworbnen Reuttern mehr dann seine bestimpte an-
zal/oder jme zugelassen were/pringen würdt/vnd dieselbigen zugleich andern vnderhalten haben wolt/
Sollen wir oder das hailig Reich derwegen mit nichten verpunden seyn/darnach sich ein jeder zurichten
wisse.

IX.

¶ Item da wir oder das heilig Reich dieser reutter nach gehaltener musterung/innerhalb oder vor
aufgang dreyer monaten/nicht weitter bedürfften/
vnd sie beurlauben würden/nemblich im ersten oder
andern monat/nach verscheinung viel oder weniger
tage/so sollen jnen nicht desto weniger die drey monat
vor voln bezalt/aber doch der abzug oder ab ritt darin gerechnet werden: Im fall sie aber im dritten monat beurlaudt/es sey frü oder spat/so sol jhnen der abzug zu sampt den volligen drey monaten bezahlt werden.

Q Item

Reutterbestallung zu Speyer

X.

¶ Item wo einer oder mehr sein anzal an gutten wagenpferdten in der musterung nicht hett/ so sol jme souiel an dem wagen geldt durch die Commissarien abgezogen werden/ Wo auch einem eins oder mehr wagenpferdt erlegen/oder abgingen/so soll er dieselbigen alspaldt wider zuerstatten/ vnd zu erfüllen schuldig seyn/Welche aber von den feinden erschossen/oder vnkommen wurden/ dieselbigen sollen denselbigen monat vor gut passiert/vnd hernach ohn weittern fälerstattet werden.

XI.

¶ Item da sich zutrüge/daß man der reutterwagen zu des kriegs wesen vnuermeintlichen notturfft bedürffen würdt/ vnd die reutter deren zur selbigen zeit one jren sondern grossen schaden entrathen kündten/so sollen sie dieselbigen folgen zulassen/ vnd damit zudienen schüldig sein.

XII.

¶ Item es soll keiner ainig gemustert vnd gut gethan raissig pferd/oder troß klepper in wagen spannen/anders dann in nothfellen/ vn mit vorwissen vnd erlaubnuß seines Rittmeisters/welche jme doch on erhäbliche vrsachen nicht soll geben werden.

XXIII.

¶ Item ein jeder Rittmeister soll vnter seiner
fanen

fanen vngefeh2lich drey hundert pferd haben/auff ges
fallen vnd meffigung der Commiffarien vnd öbriften.

XIIII.

¶ Item dem Rittmeifter foll auff jedes gerüs
ftes pferdt/ fo in der mufterung paffirt würdt/ mo=
natlich ein gülden rittmeifter geldt gut gemacht wer=
den.

XV.

¶ Item es follen auch allwege aber fünfftzig pfert
ein rittmeifter/ vnd auff jeden Rittmeifter fünff vnd
zwentzig gülden/ mehr alle wegen auff zwölff pferdt
ein troß klepper/ vnnd darauff fechs gülden/ auff ein
Leutenant dreiffig zwen güldë/ auff ein Fenderich vier
vnd zwentzig gülden/ auff zwen trometer jeden vbers
foldt zwölff gülden/ Item auff ein Schreiber/ auff ein
feldfcherer/ auff ein furirer/ jeden vberfold zwölff gül=
den/ auff ein fewrfchloßmacher zwölff gülden/ auff ein
fattler fechs gülden/ auff ein hueffchmidt zwölff gül=
den vperfold/ auff zwen trabanten jedem acht gülden/
fo ferr fie in der mufterung vorhanden / dergleichen
auff ein Caplan oder predicanten/ wo ferrn der zuge=
gen/ zwentzig vier gülden/ paffirt vnd bezalt werden.

XVI.

¶ Item dieweil der Rottmeifter gülden den
Rottmeiftern darumb zalt vnd geben würdt / daß fie
Q ij   fchüldig

schüldig sollen seyn/ die geraisigen neben andern be-
felchsleutten in gutter ordnung vnd regiment zuhal-
ten/vnd sich aber etwo bißdahero zugetragen/daß die
Rottmeistern denselbigen vor sich behalten/ vnd hernacher die Rottmeister da man einziger weiß auff züge vnd wacht die reutter verschicken sollen/mit keinem
sondern rottmeister/darauff sie beschaiden weren/ver-
sehen gewesen seyn/auß welchen aller haut vnordnung
vnd vngehorsamb mehrmahln eruolgt/ So soll demnach jeder Rottmeister schuldig seyn/ den Rottmeister gülden ordenlich vnder seiner fanen auszutheilen/
vnd allewegen vber fünffzig pferdt ein Rottmeister
zuordnen/ vnd dauon zu vnderhalten/auch namhafft
zumachen/ damit sie denselbigen/wo es von nöthen/
vnd so offt rotten weiß von fanė auffzüge oder wacht
verschickt werden/ jr auff sehens zu haben wissen.

XVII.

¶ Es sollen auch die obristen vnd Rittmeistern
schüldig sein/was sie weiters auff jr befelchs leut vnd
gemeine reutter entpfangen/namhafft zumachen/auch
getreulich vnd auffrichtig vnder sie auszutheylen/ da
auch einer das vbertretten würdt/ soll er darumb zu-
reden gestalt vnd gestrafft werden.

XVIII.

¶ Item es sol auch jeder Rottmeister mit sein zu
geordneten fünffzig pferdten/ ordentlich nach einander im muster register verzeichnet vnd geschriben wer
den/vnd jhe einer dem andern mit denselbigen in der
musterung durchreitten.

Item

XIX.

¶ Item es sollen auch solche Rottmeister auff den zugen vnd fäterungen/ vnd sonsten/ wo es von nö=then/ sonder auffsehens auff jre vndergeben reutter haben/ damit man die vbelthäter desto besser erkündi=gen/ vnd zu gepürlichen straffen anhalten möge.

XX.

¶ Dieweil auch die langen reihen im gantzen kriegs wesen auß vilen vrsachen beschwerlich vñ nach=theilig seyn/ so sollen keinem Rittmeister vber zwölff pferd/ vnd keinem vom adel vber sechs oder acht pferd/ vnd keinem Grauen oder herrn vber zehen oder zwölff pferdt passirt vnd gut gethan werden/ Es were dan/ daß etwo ein statlicher vermöglicher Graff/ herr oder vom Adel mit einer mehrern anzal gantz wol staffirt/ vnd auffgerüst/ in der musterung erschiene/ demselbi=gen mögen die muster Commissarien etliche pferdt wol weitter passiren lassen.

XXI.

¶ Item es sollen auch die obristen vnd Rittmei=ster nicht gestatten/ daß sich jetz viel in einer reihen zu=sammen schlagen/ vnd vnder eines namen in der muste=rung durchreitten/ sondern es sol jeder mit seinem tauff vnd zunamen/ vnd seinen pferden/ ordentlich in dem muster register verzeichnet sein/ vnd durchreitten.

Q iij   Item

Reutter bestallung zu Speyer
XXII.

¶ Item es soll auch vnder diesen reuttern einem
jeden herren oder vom adel / so fünff oder sechs pferdt
hat / nicht mehr dann ein bub / der aber nur vier oder
drey pferdt hat / kein jung passirt werden / Da auch einer schon mehr dann sechs pferdt hat / soll jhme dann
nocht nicht mehr dann ein jung / welcher aber völlig
zwölff hat / zwen jungen passirt werden.

XXIII.

¶ Item ein jeder herr oder juncker / so sechs pferd
oder darüber hat / soll darunder einen knecht mit einem langen rohr gestaffirt haben / der zu roß damit
vmbgehn / vnd sich vor dem feindt gebrauchen kundt /
dieweil sich befindt / das solche lange rohr dem Kriegs-
wesen vnnd den reuttern selbst / in viel wegen vorm
feindt zu gutten kommen.

XXIIII.

¶ Item es sollen der öbrist vnd die Rittmeistern
vermög dieser jrer bestallung schuldig seyn / keine pferd
zuwerben / oder ins regißter / vnd in die mußterung zupringen / da der juncker oder herr nit selbst persönlich
im feldt gegenwürtig ist / noch die pferdt vnder keinem
frembden namen / vnd dem sie nit aigentlich zugehörn /
durchreitten lassen.

Item

XXV.

¶ Item dieweil es auch jetzo aufflomet/daß etliche herrn oder junckern jre pferd vnder die fane schreiben lassen/ vnd doch mit jhrer person oder einem oder
zweyen kleppern/die sie vorgeben vbrig zuhaben/frey/
vnd niemandt vnderworffen sein wöllen/darauß allerley vngleichait/ vngehorsamb/ vnd vnordnung im
kriegs wesen/ vnd vor dem feindt erfolgt/dieweil solche leuth niemandt gehör geben/ vnd allein wie es sie
gelüst thun vnd reitten wöllen/ Demnach sollen die
Rittmeister keine herzen vñ vom adel vnder jren reuttern gestatten/ die nicht gleich andern in das register
geschrieben/ vnd mit pflichten vnd gehorsam verpunden seyen.

XXVI.

¶ Item es sollen die Rittmeister soviel immer
möglich jre reutter auf denen vom adel/vnd nicht von
einspennigen knechten bewerben/ Es sollen auch denselbigen in der musterung keine lange reihen/sondern
allein etlichen alten verdienten vnd bekandten knech-
ten/ auff besondere befürderung vnd anhalten des
Rittmeisters etliche wenig pferdt/ nach ermessen des
Commissarien, gut gemacht werden.

XXVII.

¶ Item es soll jeder herr vnd juncker von hauß
auß/seine knecht dermassen beklaiden/ damit jr leib vor
kelt vnd vngewitter beschützt/ vnd die büchsen wol
bedeckt sein mögen.

Item

¶ Item es soll auch ein jeder herr vnd juncker seine knecht auff die vollige zeit/ vnd so lang wir oder das hallig Reich sie geprauchen würdt/ zubestellen schuldig sein. Es soll auch kein knecht oder diener von seinem herrn oder junckern/ so lang diese jre bestallung weret/ zustellen vnd vrlaub zu fordern macht haben/ es gehe sein jarziel auß oder an/wañ es wölle/ sondern es soll schuldig sein bey jme zupleiben/ vnd jhme zu dienen/ vnd jhnen mit der besoldung nicht zusteigern/ so lang er pleibt vnd dienet/ vnd welcher darüber seinen herren vnnd junckern wider dessen willen verlassen würdt/vnd auß dem feld/oder vom hauffen on erlaubnuß/vnd paßport ziehen würdt/ der soll da er betretten würdt/an leib vnd leben gestrafft/ oder da er entlaufft/offentlich zum schelmen gemacht/vnd von menniglichen an allen orten vnd enden darfür gehalten/ vnd nicht gelitten werden.

XXIX.

¶ Item es soll kein knecht seinen herrn oder junckern muthwilliglich trutzen/ noch sich jm widersetzig machen/ viel weniger ein büchsen oder wehr vber jnen rucken/ bey leibs straff.

XXX.

¶ Item es soll keiner dem andern sein gesindt auffreden oder abspannen/da auch ein knecht von seinem herren oder junckern mit vnwillen oder etliche r miß-

mißhandlung halben kommen oder beurlaubt würde/
so soll kein ander herr oder juncker/ der in disem zug
ist/denselbigen annemen/ es sey dan dessen sein voriger
herr wol zu frieden.

XXXI.

¶ Hergegen aber sollen die herren vnd junckern
sich auch aller gepür vnd beschaidenhait gegen jhren
knechten verhalten: Da aber ein herr oder juncker seine
diener vbel vnd vnpillich halten würdt/klag vnd spal-
tung derhalben zwischen jnen fürfiel/ so soll der Rittmeister oder oberst pillich eynsehens haben/ vnnd da
durch dieselbigen der klage nit mag abgeholffen wer-
den/ so soll er es an den feldt marschalck gelangen/ der
soll verhör darin vornemen/ vnd jederzeit was recht
vnd pillich verordnen.

XXXII.

¶ Item der obrist oder Rittmeister soll nicht
macht haben/ein oder mehr reutter zu beurlaubē/oder
abziehen zu lassen/on des felde ōbristen vorwissen vnd
willigen/ viel weniger new ankommende reutter an-
zunemen/vnd vnder die fanen zustellen.

XXXIII.

¶ Item da einer oder mehr auff solchen raißigen
X erlan-

erkranckhen oder sonsten auf befelch des obristen in eh:
lichen sachen vorm feindt gefangen würden/ der oder
dieselbigen sollen monatlich/ so lang man im felde liget/
wie die gesundten gehalten/ doch sollen jhre der kran:
cken vnd gefangnen pferdt vnd rüstungen jederzeit in
der musterung durch gefürt werden.

XXXIIII.

¶ Da aber einem oder mehr vnder diesen reut:
tern knecht oder pferd von den feinden geschossen oder
erlegt würden/ oder sonsten auf wissentlichen vnfal
abgiengen/ so soll er sich in einem monat oder zum leng:
sten in zweien/ nach erkandtnuß des kriegs Commissa:
rien, mit andern knechten oder rossen gefaßt machen/
oder es soll jnen die besoldung darauff nicht mehr paf:
sirt oder bezalt werden.

XXXV.

¶ Item es soll auch keiner bey den pflichten/ da:
mit er vns vnd dem heiligen Reich/ vermög dieser be:
stallung zugethan ist/ vnd bey seinen ehren in der mu:
sterung oder sonsten kein knecht/ pferdt/ harnisch oder
andere rüstungen/ bey andern entlehenen/ vnd durch
die musterung pringen/ noch einer dem andern leihen/
sondern ein jeder soll vor sich selbst völlig vnd noth:
türfftiglich versehen vnnd gerüst seyn/ auch auff
züge vnd wachten sich aller derselben wehren vnd
rüstungen/ wie er damit in die musterung erschienen/
zugeprau:

zugebrauchen/ vnd die zufüren schuldig sein: Vnd da
einer oder mehr sich hierüber vergessen würdt/die sollen jhre besoldung verwirckt haben/vnd darumb gestrafft werden.

XXXVI.

¶ Es soll auch keiner ausser des Rittmeisters
zwölff/ vnd fenderichs sechs pferdt/wacht frey seyn.

XXXVII.

¶ Es sollen auch die öbristen vnd die Rittmeistern fleissig acht haben/in den zügen vnd ordnungen/
mit ernst daran seyn/ daß die reutter der muster regi-
stern nach/jre pferd vnd rüstungen/bey der fanen völlig haben vnd füren.

XXXVIII.

¶ Item so offt in den zügen vnd ordnungen der
feldt vnd muster Commissari zu den öbristen vnd Rit-
meistern komen/vnd begeren würdt/die fanen auff ein
ort rücken zulassen/vñ zu besichtigen/ so sollen sie solchs
zu thun/vnd die fanen besonder ziehen/vnd abzelen zu
lassen schuldig sein/Wann dann bey einem oder andern
ein namhaffter vnd verdächtiger mangel an der zal befunden würdt/ sollen die reutter darumb ernstlich zu

R ij   red

red gestelt/erkündigung vnd nachfrag gehalten wer=
den/wie es damit geschaffen/ vnd woher der abgang
erfolgt/auch fürter nothdürfftig eynsehen derhalben
haben/vnd alweg darob sein/ daß kein sonder betrug
gepraucht werd/vnd daß vns vnd dem heiligen Reich
an der bezalten anzal/so wenig/als jmmer möglich/ab=
gehe/ Darumb sollen auch die obristen vnd Rittmei=
ster bey allen musterungen gegenwürtig seyn/ vnd in
allem den verordneten muster Commissarien, zuuer=
richtung jres befelchs/ vnd daß vns vnd dem heiligen
Reich trewlich vnd auffrichtig gedienet werdt/alle
mögliche hülff/fürderung vnd beystandt thun.

XXXIX.

℘ Item der obrist/ auch seine vnderhabend Ritt=
meister/befelchshaber vnd reuter/sollen jr auffsehen/
erstlich auff vns/vnsern obristen leutenant vnd feldt=
marschalck/ vnd dan auff jre vorgesetzten obristen ha=
ben/ vnd jhnen in allen vorfallenden sachen getrew/
gehorsamb vnd gewertig sein/ vnd sich im feldt oder
besatzungen auff wachten/ füterungen vnd verglai=
tungen/wie es die nothturfft erfordert/ vnd wir vnd
vnser obrist leutenant jhnen dessen befelch thun wer=
den/ bey tag vnd bey nacht gehorsamb vnd willig mit
gantzen oder halben fanen vnd rotten sambtlich vnd
sonderlich geprauchen lassen/ ohn jr erlaubnuß weder
mit fanen/ rotten noch sonsten/ auß der ordnung vnd
dem läger nicht reitten/ noch die wägen fahren lassen/
noch sich on befelch mit dem feindt einzulassen/sondern
ein jeder soll pleiben/ wohien er von dem feldtobristen
oder seinem obristen vñ Rittmeister bescheyden würd/
vnd

vnd sich diffals in alle wege aller gehorsamb/ wie es
ehilichen/ redlichen ritters vnd kriegsleutten zuthun
gepürt/ vnd sie jrem kriegsherzen vnd feldtobristen/
auch jrem obristen von rechter pillichkeit wegen zulai-
sten schüldig/ auch dessen mit dieser bestallung verpunden seyn verhalten.

X L.

¶ Item gedachter obrister/ seine Rittmeister/
befelchshaber vnd reutter/ sollen bey jren ritterlichen
adelichen ehren vnd pflichten/ damit sie vns vnd dem
hailigen Reich in krafft dieser bestallung verpflicht
seyn/ daß alt löblich Deutsch reutter oder ritterrecht
vnder jhnen/ in höchstem ernst vnd fleiß anzurichten/
zuhandthaben/ vortzusetzen/ sich demselbigen als jhrer
ordentlichen iusticien zu vnderwerffen/ vnd zu gehor-
samen/ auch alle vnd jede verwürckung oder mißhand-
lung/ vermög dieser bestallung/ vnd der Kayserlichen
rechten/ vnd wol herkomen kriegs geprauch/ für dem
selbigen rechtfertigen vnd straffen lassen.

X L I.

¶ Wir als Römischer Kayser/ wöllen auch hiemit von Römischer Kayserlichen macht/ hochait vnd
ampts wegen/ auß rath vnd gutachten Chur vnd Fürsten auch gemeiner Stände/ vnd der abwesenden räth
vñ pottschafften solch alt herkomen des löblichen ritter
vnd reutter rechtes wider eyngesetzt/ angericht vnd
R iij   gehandt-

Reutterbestallung zu Speyer

gehaubt habt haben : Ordnen vnd bestettigen auch
daſſelbig hiemit wiſſentlich / vnd wöllen / daſ alle das
jenig / ſo in vnd auch auſſer Reichs in frembden poten=
taten dienſten / ordentlicher recht meſſiger weiſ / ver=
mög der auffgerichten ordnung / ſo in des Reichs ab=
ſchied begrieffen / vor demſelbigen vnd durch daſſelbig
gehandlet / geſprochen vnd geurtheilt würdt / nicht al=
lein bey vns als Römiſchen Kayſer an vnſerm Kayſer
lichen hoff / in vnſern feldt zügen vnd beſatzungen / ſon
dern auch im gantzen Römiſchen Reich / vnd in allen
vnſern erblanden vor rechtmäſſig / kräfftig / vnd be=
ſtendig gehalten / vnwiderſprechlich gehandhabt vnd
volnzogen werdnn ſoll.

XLII.

¶ Item was in werenden feldtzügen allenthal=
ben vor dem reutter rechten geurthailet vnd gehand=
let würdt / daſſelbig ſoll alles in das kriegs Protocoll
auffgeſchrieben / vñ verzeichnet / zu endt des zugs zwo
vnderſchiedlich copeyen dauon gemacht / mit des feldt
marſchalcks / oder da keiner vorhanden / mit des öbri=
ſten ſiegel verſiegelt / eine vns / die andern in vnſers lie=
ben Neuen vnd Churfürſten zu Meintz cantzley / vber=
ſchickt werden / damit man aller ergangnen vrtheil
vnd handlungen im Reich wiſſens haben / vnd darob
halten möge / auch ein jeder künfftiglich ſich deſſelbigen
zugeprauchen / vnd zu erholen hab.

XLIII.

¶ Vnd dieweil ein zeit hero vnter dem deutſchen
kriegs=

kriegß volck viel vngehorsamb/vnordnung/wilts vnd
freywilligs leben vnd wesen/wider der löblichen alten
deutschen prauch vnd herkommen/die vor allen andern
nationen in manheit/frombkeit/vnd kriegßzucht den
preiß gehabt/eyngerissen ist/Damit nun solchen vn=
rath ferner begegnet/vnd gesteuret/mehr Gottes
forcht/Christlicher wandel/gut ordnung/iusticien vnd
gehorsamb/darauff alle menschliche wolfart stehet/
widerprach vñ gepflantzt werdt/So sollen sich dem=
nach die reutter erstlich vor allen Gottlosen leichtferti
gen bösen leben/sonderlich vor Gottes lästerungen/
verachtung seins hailigen worts/vor beschwerung/
auch vergwaltigung des armen mans hüeten/vnd kei=
ne vnzüchtige weiber mit sich füren/oder im läger ha=
ben/doch da andere vnnerdächtige weiber/so man zu
abwartung krancker personen/zum waschen vnd an=
dern vnsträfflichen dingen on schandt vnd vnzucht
praucht/vorhanden wären/die sollen geduldt vnd zu=
gelassen werden/doch mit vorwissen der befelchsleut.

XLIIII.

¶ Es sollen auch die öbristen/Rittmeister vnd
befelchhaber/sich bey jren höchsten ehren vnd pflichten
zubefleissen schüldig seyn/daß sie in solchem jren vnder
gebnen reuttern kein böß exempel geben/sich vor sich
selbst alles Christlichen vnd güten wandels befleissen/
ob der gerechtigkeit/dergleichen dem armen man hal=
ten/auch jre reutter dahin weisen vnd anhalten.
Item

Reutterbestallung zu Speyer

XLV.

¶ Item es sollen sich auch die herrn vnd junckern sampt jren knechten befleissen / alle sontag / vnd so offt zum Gottesdienst / oder zur predig vmbgeplasen wirt / daß wort Gottes / auch den Gottesdienst fleissig zuhören / demselbigen abzuwarten / Welcher mitler weil in gelächern / in tabernen / oder andern ärgerlichen leichtfertigen örtern betretten würdt / der soll darumb gestrafft werden: Nemblich ists ein knecht / mit den eysen in gefengknuß / oder nach gelegenheit seiner verwürckung / ists aber ein herr oder Juncker / so soll jhnen sein Rittmeister oder öbrister darumb vorfordern / vnd mit ernstlichen worten straffen / da aber kein besserung bey jhme erfolgt / so soll er von dem feldtmarschalck beklagt / zuletst auch mit dem reutter rechten betrawet werden / daß er / im fall er jhe in offendtlichen ärgerlichen vnd Gottlosen wandel verharren würdt / darumb mit gemeiner erkandtnuß des rechten / andern zu einem exempel / gestrafft / vnd vom hauffen geschafft werden soll.

XLVI.

¶ Weitters ist vermög dieser bestallung außtrücklich verpotten / daß vnter werenden Gottsdienst vnd predig kein wein / bier / oder dergleichen durch die mercatanten aufgezepft vnd verkaufft werdt.

XLVII.

¶ Gleicher gestalt sol man gegen den offentlichen Gotts-

Gotteslestern verfaren/ die jenige so vorsetzlich Gotts
namen lästern vnd schenden/an jren ehren/leib vnd leben straffen.

XLVIII.

¶ Item dieweil es leyder dahin kommen/ daß vnter den Deutschen / sonderlich im krieg/ das lästerlich
viehisch volsauffen/schier die maiste vbung ist/darauß
der ganzen nation viel verklainerung/onehr/nachtheil
vnd spott entstehet/ Sonderlich im krieg auch desto
weniger sieg vnd glückliche verrichtung erfolgt/so soll
hiemit den obristen / Rittmeistern befelchshabern/
gleichsfals herzen/junckern vnd mit reuttern in krafft
dieser jrer bestallung / zum ernstlichen eyngepunden
sein/sich der steten immerwerenden vollerey zumässi-
gen / sunderlich aber solchs jren knechten vnd dienern
auch nicht zugestatten.

XLIX.

¶ Item wo vnter beuelchsleuthen einer oder
mehr erkündigt würdt/ welcher der immer werender
viehischen lästerlichen vollerey dermassen ergeben we-
re/daß er seinem befelch/ vnd des kriegsherzen dienst/
nicht notthürfftiglichen abwartte/ dem oder denselbigen sollen seyn oder jhre befelch durch den feldtmarschalck vnd seinen obristen genommen/ enzogen/vnnd
andern würdigern/ so mehr nüchtern/ zugestelt vnd
geben werden/ Solchem soll sich auch keiner/wer der
S   sey

Reutterbestallung zu Speyer

sey/zuwider setzen/noch jme jemandt beyzufallen/oder
jnen zuwerthedingen macht haben/in krafft diefer be-
stallung/auch vermög eines jeden pflicht.

L.

¶ Item es soll auch durch den feldtmarschalck/
obristen/vnd das reutter recht/in allen mißhandlun-
gen/so voller weiß durch herren/junckeren/knecht/
groß oder klain hanß geschehen vnd straffpar seyn/die
trunckenhait zu kainer entschüldigung/oder milterung
der straff/angezogen oder angesehen/sondern viel
mehr solche verprechung desto schärpffer/schwerer/
auch geduppelt/gerechtfertigt vnd gestrafft werden.

LI.

¶ Item welcher vollerey halben feindts not versaumet oder verschlaffet/der soll darumb an seinem le-
nen gestrafft werden,

LII.

¶ Item alle auch sede raisige sampt andern
knechten/so den reuttern dienen/welche also viehisch truncken/vnnd der gestaldt voll/daß sie jhr
selbst vnd jhrer vernunfft nicht mächtig seyn/an-
troffen würden/die sollen stracks gefänglich ange-
nommen/

nommen/in die eysen geschlagen/ vnd ohn der obristen
oder Rittmeisters vorwissen/ nicht auffgelassen werden: Zu dem sollen sie auch macht haben/ dieselbige jrer
erkandtnis nach zustraffen/ vnd die jenige so sich wi-
dersetzen/ vor das ordentlich reutter recht zu stellen.

LIII.

¶ Item wo einer oder mehr sich mit werhaffter
handt gegen dem feldt obristen oder feldtmarschalck
einlassen/ oder sich sonsten seinē obristen/ Rittmeistern/
wachtmeistern/ vnd andern befelchshabern/ sunderlich wen sie jnen ampts oder regiments halben etwas
befohlen/ widersetzen würden / die sollen darumb an
leib/ehr vnd gut/ nach erkandtnuß des reutter rechten
gestrafft werden.

LIIII.

¶ Item welcher sich mit verächtlichen schmehe-
lichen worten gegen seiner obrigkeit setzen würdt/ der
soll vor das reutter recht gestelt/ darumb nach zutra-
gender handlung gestrafft werden.

LV.

¶ Item welcher wider den feldtobristen / vnd

S ij   andere

andere sein vorgestelte obrigkeiten/ein meutterey wurt
machen/ der soll darumb vor das recht gestelt/ an leib
vnd leben gestrafft werden.

LVI.

¶ Item sie sollen sich der iusticien vnd felde ord-
nung/in dem vmblasen/ oder außruffen gepotten oder
verpotten in den lägern gemäß/ vnd gehorsamblich
verhalten/ vnd demselbigen zugeleben schuldig seyn/
bey iren pflichten.

LVII.

¶ Item es soll kainer an die iusticien als prouo-
sen/Rumormaistern/wagenpurgmaister/ vnd andere
derselben diener/auch zugehörigen/wie die namen ha-
ben/handt anlegen/oder jhnen mit gewalt oder vnbe-
schaidenhait widerstreben/ noch sie an jhren befelchen
verhindern/sondern vielmehr / da sie jemandt verge-
waltigen wolt/schützen vnd schirmen helffen/alles bey
straff leibs vnd lebens.

LVIII.

¶ Item es soll kainer dem feldtmarschalck/sei-
nem obristen/ oder ahn deren statt dem prouosen keinen diener/ den sie von regiments wegen begeren/
vorhalten/

vorhalten / noch sein gesindt vnpillicher weiß wider
recht verſprechen / noch verthädigen / ſondern in alle
weg gut regiment helffen halten.

LIX.

¶ Es ſollen auch die Rittmeiſtern vnd gemaine
reutter / bey jren pflichten ſchuldig ſeyn / gutte züg vnd
ordnung zu halten / ſich des ſtreichens vor den fanen
gentzlich zu euſſeren / Sonderlich ſol ſich kein raiſiger
in dem troß vnd vnter den wägen finden laſſen / noch
für den fanen auſſer dem läger rucken / vnd vorhin ziehen / in betrachtung das einem jeden erliebenden nicht
allein vor ſeine perſon / ſondern auch mit ſeinen knechten
gepürt / an keinem andern ort ſich finden zulaſſen / dann
bey vnd vnter ſeiner fanen / dahin er verordnet / vnd
ſoll kainer weder vor ſeine ſelbſt perſon verreiten / noch
ſeinen knechten ſolchs zuthun geſtatten / es geſchehe
dann mit vorwiſſen ſeines obriſten vnd Rittmeiſters /
ſonſten in kainerley weiß / alles bey ſchwerer ſtraff / ſo
bey des feldtmarſchalcks vnd obriſten / oder des reutter rechten erkandtnuß ſtehen ſoll.

LX.

¶ Item es ſoll auch ſonſten kainer auß dem läger oder von der fanen / mit einem oder mehr pfer-
den / on vnſer erlaubnuß / vnſers obriſten leutenants /
oder deſſen nachgeſetzten obriſten vnd befelchsleuthen

S iij   verrei-

Reutterbestallung zu Speyer

verreitten/ oder auff der fütterung vber nacht auß
pleiben/ wer es vbertritt/ der soll nach deß feldtmar
schalcks/ auch obristen vnd itzermelten reutter rechtens
erkandtnuß/ gestrafft werden.

LXI.

Item da auch einer auß dem feldt mit seiner
person oder reuttern/ sonder erlaubnuß oder bewilli
gung abziehen würdt/ vber den soll durch den feldt
marschalck ein reutter recht gehalten/ vber jnen als ei
nen vnredlichen/ feldtflüchtigen gesprochen vnd geur
thailt werden/ dergleichen soll sein pferdt/ harnisch/
vnd was er bey sich im feldt hat/ gar preyß seyn.

LXII.

Item welcher zu den feinden hinüber fallen
würdt/ der sol durch den feldmarschalck vnd das reut
ter recht/ zu einem schelmen vnd vnehrlichen man ge
macht/ offendtlich davor außgeruffen vnd geplastrt
werden.

LXIII.

Item da einer im feldt von seiner fanen flie
hen/ oder sunsten haimblich oder offentlich flucht ma
chen würdt/ der soll ahn ehr/ leib vnd leben gestrafft
werden/ Da auch andern/ die solches sehen/ derhalben
auff

auff vnuerwandten fuß in denselbigen schüssen oder
stechen/ die sollen daran nicht gefräuelt/ sondern noch
grossen danck darzu verdienet haben.

LXIIII.

¶ Item es soll keiner on erlaubnuß des feldtobri-
sten/ keinen trommeter zu den feinden schicken/ noch
von jnen annemen/ oder in andere weg etwas mit jnen
handlen/ sprach halten/ noch brieff vberschicken/ wen
auch brieff oder pottschafft jme von feinden zukämen/
sol er solches alßpald seinem Rittmeister oder obristen
anzaigen/ die brieff vnd pottschafft nicht hinderhal-
ten/ sondern dieselbigen alßpaldt durch jr mittel/ vner-
offnet/ vnerforscht an den feldtobristen gelangen las-
sen/ bey seinen ehren/ pflichten/ auch erkandtnuß vnd
straff des reutter rechtens.

LXV.

¶ Item es soll niemandt von den feinden/ oder
jren zugehörigen/ es sey weibs oder mans person/ jung
oder alt/ durch die wacht/ es sey auß oder in das läger
gelassen werden/ sondern wer derselben jnnen würdt/
soll sie auffzufangen/ für sein obristen vnd den feldtobristen zustellen verpunden seyn.

LVI.

¶ Weitters soll keiner auffzüge/ wachten/ oder
vnter

Reutterbestallung zu Speyer

vnter fliegender fanen in der ordnung oder bey beſetz-
ter wacht / kein gewerte handt gegen dem andern ge-
prauchen/noch mit jme palgen oder ſchlagen / welcher
das thut der ſoll alßpaldt von den beuelchsleuthen/ſo
zugegen ſeyn/in des feldmarſchalcks handt verſtrickt/
oder gefänglich eyngezogen / vor recht geſtelt/an ſeinem leib vnd leben/ nach erkandtnuß geſtrafft werden.

LXVII.

¶ Item es ſoll auch keiner dem andern/es ſe ym
läger oder darauß/mit keiner büchſen oder mörtlichen
wehr/vber rucken angreiffen/ſchieſſen/noch einer den
andern zu roß herauß fordern/vnd ſonſten kainer dem
andern muthwillig gewalt thun/ bey ſtraff/ auch erkandtnuß des reutter rechtens.

LXVIII.

¶ Item es ſol kainer den andern in ſeinem gezelt
oder loſament/bey tag oder nacht/muthwilliger weiß
vberfallen/ vergwaltigen/ bey höchſter ſtraff vnd erkandtnuß des reutter rechtens.

LXIX.

¶ Item es ſoll auch kainer kain pflug berauben/
noch müllen/backoffen vnd was zu gemeiner notturfft
dienſt-

dienstlich ist/es sey freunden oder feinden zustendig/on
erlaubnuß beschedigen oder zerpreche/noch kein wein/
Korn oder meel muthwilliger weiß außlauffen lassen/
verderben oder zuschaden pringen/bey leibs straff.

LXX.

¶ Item es soll kainer alte erlebte leuth/ priester/
prediger/oder weibs bilder/die auff keiner weh: gefun
den/deßgleichen keine vnmündige kinder/zu todt schlagen/bey straff leibs vnd lebens.

LXXI.

¶ Item es soll keiner wider den andern/oder ein
nation oder kriegsuolck wider das ander/es sey zu roß
oder fuß / was nation es wöll / sich rotten/ auffruhr
oder zulauff machen/ nach seiner nation schreien/bey
verlust leibs vnd lebens.

LXXII.

¶ Es sol auch keiner bey besetzter wacht kein büchsen lof schiessen/noch geschrey/ gesang/vnd andere vnruhe machen/wer das vbertritt/der soll darumb nach
erkandtnuß gestrafft werden.

                             Item

LXXIII.

¶ Item es sol kainer alte vneinigkeit oder feind=
schafft im feldt oder besatzung/ so lang der zug weret/
eyffern/noch mit thatlichen vorneme rächnen / sonder
dieselbige sachen einstellen/ oder durch den feldtmar=
schalck vnd seine befelchsleuth vergleichen lassen/ oder
sich ordenlichs rechten gebrauchen/ welcher darüber
thet der soll darumb gerechtfertiget vnnd gestrafft
werden.

LXXIIII.

¶ Item da einer oder mehr mit dem andern vn=
ainig würden/vnd mit der that aneinander wüchssen/
so sol ein jeder/der solchen vnwillen sucht/oder erfaret/
vnd da bey ist/fried nemen/vnd darauff die zertragne
partheyen denselbigen frieden starck vnuerwidert zu=
halten schüldig seyn/so lang die feldtbestallung weret.

LXXV

¶ Item es soll auch keiner seine ordenliche wacht
versaumen/noch sich derselbigen verwaigern/oder vor
gepürlichen zeit/vnd ehe man sie abfüret/dauon abzie=
hen/sondern an dem ort/dahien er verordnet / vnuer=
rückt pleiben/welcher das vbertritt / der soll vor dem
feldtmarschalck / sein obristen vnd Rittmeistern vor=
gestelt / da er sich dessen nicht gnugsam verantworten
kan/so sol darumb vor dem reutter rechten erkandnuß
gehen/vnd er seine besoldung verlieren/ oder on paß=
port vom hauffen geschafft/ oder sunsten nach gestaldt
der sachen gestrafft werden.

Es

LXXVI.

¶ Es soll auch ein jeder mit seinem harnisch vnd andern gepürenden wehren/ darauff er gemustert ist/ auff die wacht ziehen/ vnd soll weder auff tag noch nacht wacht/ von seinem pferdt on sunder ehehafft nicht abstehen/ Welcher anders betretten/ der ist dem feldtmarschalck das pferdt vnd harnisch verfallen/ das von dem wachtmeister der halb thail gepürt/ vnd soll noch weitter nach erkantnuß gestrafft werden.

LXXVII.

¶ Item es soll keiner auff der bestelten wacht oder scharwacht on noth lermen machen/ sundern seine schar oder schiltwacht mit höchstem fleiß versehen/ damit den kriegsherrn vnd dem kriegsvolck/ kain nachtheil darauß entstehe/ Da aber einer daran etwas versaumte/ soll er vor dem feldtmarschalck vnd reutter rechten darumb antwort zu geben schüldig sein.

LXXVIII.

¶ Welcher dann auff der wacht truncken vnd voll begrieffen wirdt/ also das er sein wacht nit nothtürfftiglich versehen/ oder die recht losung nicht von sich geben kan/ der soll nach erkandtnuß des feldtmarschalcks vnd obristen/ oder des reutter rechtens gestrafft werden.

T ij   Item

Reutter bestallung zu Speyer

LXXIX.

¶ Item es soll auch kainer fremde verdächtige vnd argwonige person beherbergen/ noch bey sich auffhalten / sondern dieselbige bey seiner pflicht dem obristen oder seinem Rittmeister anzumelden schüldig sein.

LXXX.

¶ Item da jemandt wäre/ der vorthail an den feinden/ vnd nachtheil an den freunden sehe/ oder einen gutten rath zugeben wüste/ wie dem feindt abzubrechen / oder sich vor schaden zuuerhütten sey/ derselbig soll solches in stiller gehaimb dem feldtobristen oder feldtmarschalck/ oder seinemobristen anzuzaigen schüldig seyn/ auch jhme darumb grosser danck gesagt werden.

LXXXI.

¶ Weitter soll kainer brandtschatzen/ kain läger anstecken / oder anstecken lassen/ noch brennen/ es geschehe dann auf des feldtobristen befelch.

LXXXI.

¶ Item da ein feldtschlacht erfolgt/ oder man in andere weg mit dem feindt zuthun gewinne/ So soll ein jeder an dein ort/ vnd an der statt/ da er hin verordnet

net ist/pleiben/vñ von dannen on befelch seiner obrigkeit nicht vertrucken/ noch weichen/ bey seinen ehren/
vnd ob andere kriegsleuth mitlerzeit an einem andern
ort wider die feindt siegten/ so soll ein jeder/der durch
diesen weg gehorsamb gelaistet/vnd das jenig thut/so
jme befolen ist/eben so gut sein/vnd gehalten werden/
als der durch einen andern weg/auch in gehorsamb die
that volnpringen helffe/damit also der gehorsamb/als
die rechte grundtfest aller gueter regiment/in ein weg
so wol / als in den andern erhalten/ vnd dargegen der
vngehorsamb verhüt werde.

LXXXIII.

¶ Item da Gott gnad gebe/daß den feinden ob-
sieget würdt/so soll nichts desto weniger kainer on erlaubnuß sich ausser seiner ordnung von seiner fanen
auffs peutten vnd nacheilen begeben / sondern dabey
pleiben/ vnd sich seiner obrigkeit befelchs verhalten/
bey seinen ehren vnd pflichten/damit nicht auß vnordnung vnd vngehorsamb der feindt sich wider wenden/
vnd der ganzer hauffen schad vnd nachthail darumb
nemen möcht.

LXXXIIII.

¶ Item es sol kainer dem andern sein gefangnen
vnd gewonne peut mit gewalt oder sonsten mit nichten entfrembden/ sondern sollen die irrung vnd vnai-
nigkeit/so sich derhalbē zutragē möchten/durch jre obri
ste vnd Rittmeister/oder vor dem feldmarschalck vnd

T iij   ordent-

ordentlichen reutter rechten erledigen vnd entschaiden
lassen.

LXXXV.

¶ Item es soll kainer die marcatanten inner oder
ausserhalb dem láger plundern/ gewalt anlegen/oder
auff dem prouiandt platz gewalt treiben/ in die proui=
andt plätzen fallen/ noch etwas mit gewalt nemen/
welcher es thut/ der soll gefänglich eyngezogen/ vnnd
durch den feldtmarschalck oder das reutter recht ahn
leib vnd gut nach der verwürckung gestrafft werden.

LXXXVI.

¶ Item es soll keiner vors láger rucken/ vor=
kauff der prouiandt zuthun/ sondern soll alle proui=
andt zu feilen freyen kauff ins láger pringen lassen.

LXXXVII.

¶ Item wo viehe oder andere prouiandt den
feinden abgewunnen würdt/ der oder dieselbigen sol=
len das viehe on erlaubnuß des feldtmarschalcks / vnd
jres obristen nicht auf dem láger füren/sondern in dem
láger vmb ein zimblichen pfennig verkauffen/ vnd da
des kauffs oder des wehrts halben jrtzungen fürfielen/
Soll

Soll der feldtmarschalck darin zu sprechen/ vnd sie zu-
entschaiden haben.

LXXXVIII.

¶ Item wo einer oder mehe vnder obgedachten
reuttern in láger oder sonsten im dienst etwas höret
oder vernene/ daß vns/ dem hailigen Reich oder dem
kriegsweſen/ vnd vnſer oder des hailigen Reichs land
oder leuthen zu nachtheil oder verhinderung gereichen
möcht/ oder sonsten argwönige leuth sehe oder wüſte
der sol solchs von stundt an sein Rittmeiſter oder obri-
ſten/ oder wenn die sach also wichtig wäre/ an den feld-
obriſten gelangē laſſen: Wo aber einer oder mehr solchs
nicht thetten/ der oder dieselbigen/ so man deſſen in erfarung kommet/ soll wie der hauptſächer an leib vnd
gut geſtrafft werden/ on alle gnad.

LXXXIX.

¶ Ob dann wir der Römisch Kayſer/ oder vnſer
feldtobriſter leutenant/ ein oder mehr perſonen/ stätt/
flecken/ märckt/ dörffer/ häuſer vnd andere güter mit
glait/ paſporten/ salua guardia, freihaiten/ oder andern
begnadigungen verſehen vnd verſichern würden/ so
sollen dieſe beſtelte reutter oder jemand von jrentwe-
gen dawider nit handlen oder thun/ in kainerley weiß/
sondern sie dabey pleiben zulaſſen/ bey jren pflichten
schuldig seyn.

Item

Reutterbestallung zu Speyer
XC.

¶ Item sie sollen auch alle vnd jede vnser vnd
des Reichs vnderthanen/ vnd verwandten/ wer die
seyn/niemandt ausgenommen/ im an vnd abzug/ vnd
sonsten in durchzügen vnd lägerung nicht beschweren/
schätzen/plündern/ vnd in kainerley weg beschädigen/
sondern jederman gepürliche bezalung thun/ Da entgegen sollen sie von den wirtten/ vber die gepür nicht
geschetzt werden/ da sie aber gegen dem feindt zu feldt
ligen/ als dann mögen sie zimbliche futerung holen/
vnd geprauchen.

XCI.

¶ Item da nicht allweg das gelt oder zahlung/
so ordentlich vorhanden/vnd sie auff den wirtten oder
dem armen man leben vnd zeren musten/ So sollen sie
sich doch nicht desto weniger aller gepür vnd pilligkait
zuuerhalten/ jhrer souiel möglich zuuerschonen/ vnd
vmb das jenig/so jnen die wirt oder arme leuth herge-
ben/erbare gute rechenschafft zuhalten/zettel oder be-
kantnuß von sich zugeben/ vnd jhnen solchs hernacher
an jrer besoldung abziehen zulassen/schuldig seyn.

XCII.

¶ Hergegen sollen auch die armen leuth/ vmb jre
schäden/ vermög der beschehenen abraittung vnd ab-
zugs/

zugs/durch vnser vnd des heiligen Reichs Kriegs pfen
nig oder zalmaister/ ordenlich bezalt werden.

XCIII.

¶ Item da man in der feindt landt/vnd auff des
Reichs boden würdt ligen/ so soll keiner hinauß reit
ten/vnd die armen plündern/schätzen/ vergwaltigen/
noch seinen dienern solches zuthun gestatten/sondern
er soll mit fleiß ob jnen halten/sie selbst besuchen/damit
sie nichts vngepürlichs ins lager pringen/ sondern daß
sie sich mit der prouiandt vnd füterung der tax/maß/
vnd ordnung gemäß halten/ die jhnen jederzeit durch
den feldtobristen vnd feldtmarschalck soll vorgeschrie
ben werden/bey eines jeden pflichten/Da auch der we
gen klag käme/ so sollen die Rittmeistern den armen leu
then an gelt erstattung thun/vnd solches den jenigen/
so es gethan/an jrer besoldung abzihen: Es sollē auch
die herzen vnd junckeren/ da jhre knecht nach besin
dung jrer schuldt vnd verprechung zu der widerstat
tung anzuhalten schuldig seyn/ vnd sollen daneben die
thätter noch für recht gestelt/ vnd als die rauber ge
strafft werden.

XCIIII.

¶ Wēn sich auch begebe/ daß mit hülff des Allmech
tigen der feindt/feldtobrist oder feldhauptleut/durch
die reutter gefangen würden/sollen dieselbigen perso
nen zu vns oder vnserm obristen/ oder des jenigen
                                    D   händen

Reutterbestallung zu Speyer

handen/der des befelch haben würd/gegen stattlicher
vnd pillicher verehrung gestelt werden.

XCV.

¶ Wo aber ausser dergleichen feldtobristen vnd
feldthaupteuthen andere personen gefangen würden/
damag ein jeder/ der dieselbigen niderwirfft vnd be=
kommet schätzen/ vnnd kriegsgebrauch nach/ damit
handlen: Doch sollen alle vnd jede gefangnen dem feldt=
obristen angezaigt/ on sein vorwissen nicht ledig gelas=
sen werden.

XCVI.

¶ Da auch stätt/schlösser/flecken/landt vnd leuth
erobert würden/ sollen dieselbigen/sampt dem darzu
gehörigen geschütz/ munition, vnd dem jvorrath von
prouiandt/in alle wege/ vns vnd dem hailigen Reich
zustehen/folgen vnd pleiben: Zu dem sollen dieselbigen
eroberten/ gehuldigte auffgenommen stätt/ schlösser
flecken/landt vnd leuth/ nach dem sie auffgenommen
seyn/weitters nicht beschädigt/ noch geprandtschatzt
werden/ aber alle andere haab/ so nach kriegsbrauch
preiß ist/soll jnen pleiben.

XCVI.

¶ Item dieweil allerley nationen zu roß vnnd
fuß zusammen kommen/ derhalben vmb souiel auß
gerin=

geringen vrsachen sich vnwillen vnd vnainigkeit zu/
tragen möcht/ Soll dessen zuuerhütten kain nation die
ander ainigerlay sachen halben/mit worten/wercken/
vnd geperden/schmehen stumpffiren/noch sich mit der
selbigen in ainige disputation eynlassen/ Sondern wo
ainige nation gegen der andern beschwert/ spruch vnd
forderung zuhaben vermaint/ soll daselbig bey ihrer
obrigkeit vnd gepreuchlichen kriegsrecht befordert
vnd aufgepracht werden.

XCVIII.

¶ Im fall aber einer oder mehr vnter obgemeld/
ten raisigen/wider die bestallung/oder sunsten in an/
dere wege wider kriegsrecht vnd prauch/ vnd sein eht
vnd pflicht handlen würdt/derselbig soll durch mittel
des feltmarschalcks/seines obristen vnd Rittmaisters/
oder nach erkandtnuß/ prauch vnd herkommen des
reutter rechtens/auch nach gelegenhait seiner verwür
ckung am leib/ ehr vnd gut/ gestrafft werden.

XCIX.

¶ Item im fall/ daß bey diesen reuttern kain or/
denlicher feltmarschalck vorhanden/oder etwo abwe/
send were/vnd durch jnen kain ordentlich reutter recht
gehalten werden möcht/ vnd aber malefitz vnd andere
straffbare sachen vorfielen/ die kain auffschub leiden
wolten/ So soll der obrist vor sich selbst das vnrecht
straffen/die Rittmeister/leutenant/fenderich/auch wo
D ij   von

vonnöte/ etliche rottmaistern zu sich fordern/ mit jrem
zuthun vnd erkantnuß/ vermög dieser bestallung vnd
des reutter rechtens / nicht desto weniger mit ernstli-
cher straff/ gegen den mißhandlern verfaren.

C

¶ Item es sollen auch bey allen deutschen reutter
regimenten/ sie haben wenig oder viel fanen / da schon
kein ordenlicher feldtmarschalck vorhanden / in den
kriegs vnd feldtzügen / auch besatzungen / nicht desto
weniger pronosen gehalten/ vnd das vbel vermög dieser bestallung gestrafft werden/ dessen sich die reutter
mit nichten zuuerwaigern haben sollen.

CI.

¶ Item wo einer oder mehr von einem rittmaister anrittgelt neme/ zu der musterung oder dem hauffen nicht erschiene/ sondern vor oder nach der muste-
rung/ ehe das feld regiment bestellt/ wider abrit/ oder
sich in eines andern herrn dienst begebe/ derselbig solle
gepürlicher weiß für das reutter recht citirt werden/
auch dahin zuerscheinen/ vnd sich zu purgieren schuldig
seyn: Im fall er aber vngehorsamb außplieb/ so sol alsdann nach beschehener klag vnd vnterweisung vber
jnen/ als wann er zugegen/ gesprochen vnd geurthailt
werden.

DA

CII.

❡ Da auch in diesem zug oder andern feldtzügen ausserhalb des Reichs/bey frembden potentaten sich jrtzungen oder ehrensachen/ so sich in kriegs diensten im feldt zugetragen/ zwischen deutschen erhielten/die einer gegen dem andern vor dem reutter rechten austragen wolt/vnd der kläger käme/daß recht wider sein gegenpart/die alda bey dem hauffen/in der bestallung betretten/anrufft/so sol jhme rechts gestattet/der beklagt ordenlich citirt werden/ vnd antwort zugeben schüldig seyn: Hergegen soll sich der ankläger dem feldtmarschalck vnd feldtobersten so lang mit pflichten vnderwerffen/gepürendt caution vñ versicherung thun/ vnd alles was sich hierinnen aignet vnd gebürt/ biß er seine sachen zu recht außgefürt/ erstatten.

CIII.

❡ In dem allen sollen sich obgemelte oberster ritt maister vnd raisigen halten/ wie frommen redlichen ritters/vnd andern ehelichen kriegsleuthen zustehet/ vnd gebürt/bey eines jeden trauwen vnd glauben.

CIIII.

❡ Vnd soll auch obgemeldter obrister bey seinen vndergebnen rittmeistern vnd reuttern selbst aigener person seyn vnd pleiben/ one des feldtobersten vorwissen an sein stat kein verwalter oder leutenant stellē wie er dann das alles als ein ritterliche person/ seinen

D iij   ehren

ehren nach/ zuthun/ zuhalten/ vnd zuantwortten wiſ
ſen würdt.

CV.

¶ Weitters ſollen gedachte rayſigen monatlich
oder wann mans begert/ ſich muſtern zu laſſen ſchuldig
ſeyn/ vnd jhnen jre bezalung darauff volgen/ vnd ge
raicht werden: Da ſich aber zutrüge/ daß ſich das gelt
verzüge / vnd nicht gleich zu außgang des monats al
wegen vorhanden wäre / ſo ſollen ſie gedult tragen/
nicht deſto weniger jre züge vnd wacht verſehen auch
kein zug abſchlagen/ wie dann redlichen kriegsleuthen
gebürt.

CVI.

¶ Es ſoll auch dieſe beſtallung vnd articul zur
zeit der erſten muſterung / offendtlich den gemeinen
Reuttern in freyen feldt/ vnder fliegenden fanen für
geleſen / darauff durch ſie gemehret werden/ wie von
alters gepreuchig.

CVII.

¶ So offt man auch hernach muſtert/ ſoll alwe
gen die beſtallung den reuttern im ring wider vorge
leſen

lesen werden/ damit sich meniglich derselben desto pesser zuerinnern/vnd darnach zurichten hab.

CVIII.

¶ Gleicher gestalt alle reutter/ so sich künfftiglich
bey disem werende zug/zu dem hauffen begeben/dienst
vnd besoldung nemen würden/ sollen gleich so wol zu
haltung obgemeldter bestallung vnd articul verpunden seyn/als wañ sie zu anfaug darauff bestelt wären/
vnd gemehret hetten.

CIX.

¶ Es sollen sich auch die rittmaister in jhrer be-
werbung wol versehen/daß sich kein leichtfertige/vbel
thetige vnd verleumbdte person/ vnder jre reutter ein
mische/ damit desto weniger vngehorsamb / vnord-
nung/ vnd meutterey bey dem hauffen erstehen/ die
ehrlichen vnd redlichen desto rüwiger pleiben/vñ jrem
kriegs dienst abwartten mögen/Da auch soliche vnder
den fanen hernacher solten in erfarung gepracht wer-
den/so sollen sie jhrer mißhandlung halben / wo oder
wann die beschehen/wo fetz die wider recht vnd malefitz ist/vor dem reutter rechten fürgestelt/nach gelegen
hait jhrer verwürckung vom hauffen geschafft/ oder
sonsten gestrafft werden.

C X

¶ Da auch sonsten in dieser bestallung einer betretten

tretten würdt/ darein offentlicher Gottes vnd seines
worts verächter/lesterer/ ein berüchtigter junckfrau-
wen vnd frauwenschender/ der einen vnredtlich er-
mördet/ von seinem herrn auf dem feldt geflohen/ oder
sonsten einer andern vnerbarlichen vnd vnadenlichen
thaten vberwisen wäre/ der soll vor dem reutter rechten darumb fürgestelt/ vnd gestrafft werden.

C XI.

¶ Item da in solichen articuln auch dißmals
was vergessen/ oder aufgelassen wäre/ daß reutter
kriegsleuthen zuhalten zu stünd/vnd gepreuchlich wä-
re/ sollen die reutter eben so wol darzu gehalten / vnd
verpunden seyn/ vnd die vbertretter nach erkandtnuß
darumb gestrafft werden/als wann es außtrücklich in
dieser bestallung vermäldt wäre.

Von bestellung des veldts vnd des reutter rechten.

I.

¶ Erstlich sollen alle obersten/ Rittmaister/ be-
felchshaber/ herren/ junckherrn vnd mitreutter auff
die außfürliche bestallung/darin die articul des reutter
rechtens/ vnd kriegs regiments ordenlich begrieffen/
deren wir/ der Römischer Kayser/Churfürsten/ Für-
sten/

ſten/ vnd gemaine Stendt/ des hailigen Reichs vns
jetzo entſchloſſen vnd verglichen haben/ beſtelt vnnd
angenommen werden.

II.

¶ Wann man dann zuſammen kommet / ſolle
vnſer als des Römiſchen Kaysers/ vnd des Reichs
feldtoberſter die reutter alle zuſammen laſſen fordern/
oder da je ein groſſe anzal vorhanden/ in etliche hauffen thailen laſſen/ alß dann ſelbſt perſönlich ſampt dem
feldtmarſchalck vnd den hohen ämptern zu jhnen in
ring reitten/ vnd jhme durch ein herolden ein ploß
ſchwerdt laſſen vorfüren/ Vnd volgents im ring nach
beſchehenen auffplaſen/ den reuttern offentlich fürhal-
ten/ vnd erſtlich ſich bedancken/ daß ſie ſich vns vnnd
dem hailigen Reich zum beſten beſtellen laſſen/ vnnd
anhero begeben hetten.

III.

¶ Dieweil nun gehorſamb vnd gut regiment
ein werck wäre/ das Gott gefiel/ darauf alles glück vñ
wolfart eruolgt/ daſſelbig bey vnſern vorfaren den
löblichen deutſchen jederzeit in groſſer achtung vnd
handthabung gewäſen wäre/ demnach wölle ſie der
feldtoberſt an vnſer vnd des Reichs ſtat/ auch für ſich
ſelbſt ermanet haben/ daß ſie ordnung/ gehorſamb/ gericht vnd recht vnder jhnen erhalten / ſich Chriſtli-
X   cher

Reutterbestallung zu Speyer

cher lieb/erbarkait/adelicher sitten oder Gott seligkeit/
vnd redlichait befleissen/das gegenspiel/ nemblich alle
haidnische vnadeliche thaten/ wie Christlichen vnd
rittermessigen leuthen gepürt/fliehen wolten.

IIII.

¶ Vnd damit nun ein jeder solichem desto pesser
nachzukommen wüste/ so solt jhnen hiemit vnser vnd
des Reichs bestallung/darin die articul des alten löbli
chen reutter rechtens/vnd krigs regiments begriffen/
daß wir vnd das Reich wider ernewert vnd bestet/
tigt/dem löblichen deutschen namen zuehren vnd wol/
fahrt ins werck gericht haben wolte/ vorgelesen wer/
den/darauff sie volgendts altem prauch nach/mehren
solten.

V.

¶ On zweiffel sie wärden als die ehrlichen deut/
schen/ vnd rittermessige leut jnen soliches wolgefallen
lassen/sich darob erfreuwen/ vnd mit dem werck sich
demselbigen gemeß verhalten.

Demnach sollen jhnen die articul der bestallung
vorgelesen werden.

Wann

VII.

...

¶ Wann nun soliches beschehen/soll abermahls
durch den feldtobersten an sie ein ermanung besche=
hen/daß sie als auffrichtige Fürsten/Grauen/herren/
vom adel/vnd gemeine reutter/jung vnd alt/hoch vnd
nidern standts sich darnach richten/demselbigen/so
jnen vorgelesen worden/trewlich vnd gehorsamblich
nachkommen/vnd bey jhrem kriegsherren/vnd dem
Römischen Kayser/vnd dem Reich/vnserm obersten
leutenant/dessen vorgesetzten ämptern vnd befelchs=
leuthen/im feldt vnd besatzung/zu tag vnd zu nacht/
nach allem möglichem leib/leben/gut/vnd blut (wie jre
löbliche vorfaren gethan) zusetzen vnd halten/dauon/
dieweil dieser zug vnd bestallung weret/es schaidt sie
dann der pitter todt/oder andere erhebliche ehzliche
ehafft/nicht weichen/sondern in allem sich als ehrlie=
bende auffrichtige deutschen/vnd rittermessige leuth/
erzaigen/dem rechten erbar vnd pillichait beystehen/
vnd das gantz kriegs wesen mit embsiger anruffung
Gott dem Allmechtigen befehlen/auch sich selbst vor
straff/schandt vnd schaden/der vbertrettung hütten
sollen/vnd wöllen: Endtlich soll der feldtoberst auch
an sie begeren/daß sie dem alten herkommen nach/jhre
nicht darüber machen/die händt alle samptlich auff he=
ben/vnd geloben wöllen/dem allem so in der bestallung
begrieffen/treulich vnd festiglich nachzukommen.

VII.

¶ Nach bestehener verlesung der bestallung
X ij   vnd

Reutterbestallung zu Speyer

vnd articul/auch nach erfolgter mehrung soll der feld-
oberster das feld bestellen/ vnd den reuttern die personen der hohen ämpter anzaigen.

VIII.

¶ Erstlich dem feldtmarschalck/ vnd alſpalt das
schwerdt von dem herolden nemen/ jme vberantwor-
ten/darauff die handthabung der iusticien/gleiche vnd
rechtens/ den frommen vnd gehorsamen zu schutz/den
bösen vñ vngehorsamen zu straff beyder gelübt/die er
jetzo in gemeiner mehrung offentlich gelaiſtet hat/jme
ernſtlich befehlen.

IX.

¶ Darnach soll der feldtoberster die personen
der andern hohen ämpter auch namhafft machen/jnen
befehlen soliche jre ämpter bey jetztgethaner jrer mehrung treulich vnd fleiſſig zuuerrichten/daneben soll er
auch den reuttern allen in gemein eynpinden/ daß sie
solchen hohen ämptern allen vnd einem jeden in sonder-
heit/ in dem das sein ampt mitpringt/gepürlichen gehorsam laiſten sollen.

X

¶ Darauff thut ein jeder von den hohen ämptern
sein

sein danckſagung/ vnd erpeut ſich gegen dem feldtober⸗
ſten/ vnd den reuttern, biſzwider aller gehorſamb vnd
gepür.

XI.

¶ Wann nun ſoliches alles beſchehen/ ſo pleſt man
wider auff/ vnd ziehet auſz dem ring.

Wie das reutterrechte zubeſtellen
vnd zubeſetzen.

I.

¶ Erſtlich ſoll der feldtmarſchalck ein ehrlichen/
verſtendigen/ erfahrnen kriegſman vom adel zu ſei⸗
nem leutenant verordnen/ demſelbigen neben andern/
auch das auffſehen auff die iuſticien vnd das reutter
recht befehlen/ auch jhme ein geſchickte wolgeübte per⸗
ſon zu einem ſchreiber des reutter rechtens zugeben/
derſelbig ſol zu zeit des erſten reutter rechtens offent⸗
lich mit nottürfftiger aidtspflicht verpünden werden.

Reutter bestallung zu Speyer

Wie das reutter recht gehalten werden soll.

I.

¶ Wann man dann ein reutter recht halten will/ so soll daſſelbig zum erſten auß des feldtmarſchalds befelch/ durch trommeter im läger auffgeplaſen/ oder nach gelegenheit ſonſten den partheyen ordenlich verkündigt werden.

II.

¶ Volgendts ſoll der feldtmarſchalck als dem die iuſticia vnd das ſchwerdt befohlen/ drey Rittmaiſter/ drey leutenandt/ drey fenderich/ vnd drey rottmaiſter/ auch ein reutter oberſten darzu nemen/ das recht damit beſetzen/ auch wo er es für noth vnd gut anſicht/ dieſelbigen den abendt zuuor für ſich fordern/ vnd ſich der notturfft mit jnen bereden.

III.

¶ Da aber der reutter hauffen ſtarck im veldt iſt/ alſo daß mans an leuthen wol gehaben mag/ oder da malefitz vnd andere wichtige ehren ſachen fürfallen/ ſo ſolle das recht gedoppelt/ nemblich mit vier vnd zwaintzig

zwaintzig perſonen beſetzt / vnd deſto mehr rottmai-
ſtern von den fanen auch gezogen werden.

IIII.

¶ Solche jetztgemeldte perſonen ſollen ſich in
oder vor des feldtmarſchalcks loſament verſamblen/
vnd wann derſelbig zu der ſtell/ da das recht gehalten
ſoll werden gehen wil/ ſo ſoll er ihme durch einen he-
roldt oder ein ander perſon ein ploß ſchneident ſchwert
vortragen/ auch (dem rechten mehr anſehens vnd ent-
ſetzung zumachen) mit einer trommeten vorher plaſen
laſſen/ dem ſollen alßdann die obgedachten zugeordneten perſonen (wo es peinlich gericht iſt) auch mit ihren
ſchwerdten auff den achſſeln/ daran die ſpitzen vberſich
gekert/ par vnd par ordenlich nachfolgen/ Wa es aber
nicht malefitziſch iſt/ ſollen ſie die ſchwerdter an der ſeitten behalten.

V

¶ Vnd ſoll in allen rechts ſachen/ ſonderlich die
peinlich vnd ehrrürig ſeyn/ vnd die das kriegs regiment betreffen/ der feldtmarſchalck perſönlich gegenwertig ſeyn/ Das recht mit höchſtem ernſt vñ anſehen
handthaben: Wañ aber etwo bürgerliche parthey ſachen vorhanden/ die nicht gar wichtig/ vnd er mit andern geſchäfften beladen wäre/ ſo mag er ſeinen leutenant das recht halten laſſen.

Wann

Peurterbestallung zu Speyer

VI.

¶ Wann man nun an die stell/da das recht gehalten soll werden/kommen/der feldtmarschalck vnd die andern beysamen/ so soll er sein schwerdt für sich auff den tisch legen/vnd die richter/wann es in einem peinlichen gericht ist/ jre schwerdter mit der spitzen vndersich gegen der erden keren.

VII.

¶ Item es soll der bestallungsbrieff/ auch auff den tisch gelegt werden.

VIII.

¶ Hernacher soll der feldtmarschalck den erforderten/vnd zum recht verordenten/erstlich fürhalten/ vnd aufferlegen/ daß sie weder vmb gelt / gut / gifft/ gab/neidt/haß/freundtschafft oder feindtschafft/sondern allein nach laut klag vnd antwort / vermög der bestallung / vnd des Kayserlichen rechten/ erkennen/ sprechen / vnd vrthailen/ als sie wöllen/daß Gott am jüngsten gericht vber jre seelen spreche vnd vrthaile/ Darauff sol auch ein jeder soliches dem feldmarschalck mit handtgebenden trewen zusagen/vnd geloben.

Ferner

IX.

¶ Ferner sol der feldtmarschalck die gewönliche vmbfrag thun / ob das gericht mit tauglichen / ehrlichen leuthen bestelt: Item ob es zu rechter zeit sey / vnd sonsten keine hinderung vorhanden / ein Kayserlich teutter recht zuhalten.

X.

¶ Hernacher soll er das recht verbannen / Erstlich von wegen Gottes des Almechtigen / als den vrsprung aller gerechtigkeit / dann von vnsern des Römischen Kaysers vnd des Reichs wegen / als der höchsten obrigkeit / vnd vnsers feldtobersten / daß niemandt im rechten / ausser erlaubnuß / vnd seinem vorsprecher / wöll reden / daß keiner vom rechten abtret / auch der vmbstandt sie nicht vberstehe.

XI.

¶ Nach dem sol er fragen / ob den partheyen auch ordentlich vorgepotten worden / vnd sie darauff erfordert.

XII.

¶ Item in peinlichen sachen / vnd die das kriegs
regiment

X

regiment betreffen / soll der prouoß / vnd da die sachen
so wichtig / auff des feldtmarschalcks gutachten / etwo
auch neben jhme sein leutenant / In bürgerlichen aber /
Wañ es gut vnd geldt zwischen den partheyen betrifft /
der kläger vñ antworttet vertretten / eine person vom
rechten volgendts ein oder zwen räthe / auf den zuge=
ordneten bitten / vnd durch dieselbigen sein nothturfft
vortragen / vnd handlen lassen.

XIII.

¶ In peinlichen sachen ist der reutter bestallung
einuerleibt articul / vñ vnser Kayserlich malefitzrecht /
daß recht richtscheidt / darnach die vrtheil gericht sol=
len werden.

XIIII.

¶ Es sollen auch zur zeit der vmbfrag die reut=
ter bey jren pflichten erjnnert werden / daß eines jeden
votum, biß in eines jeden gruben gehaimb vnd ver=
schwigen gehalten werdt.

XV.

¶ Item es soll vor eröffnung der vrthail / wann
es malefitz oder ehren sachen / zwischen ansehenlichen
personen betrifft / der feldtmarschalck alle mallen dem
feldtoberisten dauon bericht thun / sich seines gemüths
darauff

darauff erlernen: Welcher dann nach gelegenhait der
person/auch zeit vnd andere vmbstendt/ die straff zu=
mindern/oder zumiltern.

XVI.

¶ Wann dann in peinlichen sachen die vrthail ge=
sprochen würdt/ sol der feldtmarschalck das schwerdt
in die handt nemen/ vnd die spitz vber sich keren.

XVII.

¶ Deßgleichen sollen die andern zum rechten ver=
ordente personen auch thun/ vnd dieweil die vmbfrag
beschicht/ vnd die vrthail gehet/ die spitz der schwertter
vndersich kehren: Hernacher aber wann die vrthail er=
öffnet/ vñ erlesen würdt/ sollen sie die spitzen vber sich
kehren/ vnd nach verlesener vrthail soll der feldtmar=
schalck sein stab prechen/ hernacher sollen die zugeord=
neten wider vom recht zu dem losament gehen/ wie sie
auff gangen seyn/ vnd die richter jeder sein schwerd auff
der achßeln haben/ da sie aber vber kein malefitz sachen
gericht haben/ an der seiten behalten.

XVIII.

¶ Was dann also in dem reutter rechten allent=
halben in werendem zug geurtheilt vnd gehandelt/ sol

X ij   alles

Reutterbestallung zu Speyer

alles jederzeit ordentlich in das rechts buch auf geschüben/vnd verzaichnet/auch zu letst des zugs zwo vnderschiedliche copeyen dauon gemacht/mit des feldtmarschalcks sigel versigelt/eine in vnser/die ander in vnsers lieben Neuen vñ Churfürsten zu Meyntz Cantzley vberschickt werden/damit sich dessen ein jeder künfftigklich zugebrauchen vnd zuerholen hab.

Articul auff die deutschen knecht.

I.

¶ Anfengklich sollen die deutschen knecht vnd dem Römischen Kayser/vnd dem hailigen Reich geloben vnd schweren/vns/vnd dem hailigen Reich/getreulich zu dienen/vnsern/vnd des Reichs schaden zu warnen/vnd frommen zu fürdern/deßgleichen vnserm obersten leutenant/Item jren obersten/hauptleuthen/lutenanten/fenderichen/wäbeln/furirern/vñ andern hohen ämptern/so von vns gesetzt werden/wider vnd gegen den frinden gehorsamb zusein/was sie mit jnen schaffen vnd gepieten/das kriegsleuthen zustet/er sey edel oder vnedel/klain oder groß hanß/dasselbig one alle widerredt vnd aufzug zuthun/vnd kein meutterey zumachen/noch hand an sie legen/noch sie mit verächtlichen schmehlichen wortten angreiffen/sondern sich gebrauchen zulassen/zu vnd von dem feindt/in zügen/schlachten stürmen/oder wachten/wie es sich bey tag vnd nacht begeben mag/vnd was die notturfft erfordert/

dert/

dert: Wo aber einer oder mehr darin vngehorsamb erschiene/der oder dieselben sollen nach erkandtnuß des obersten/vnd des rechten gestrafft werden/als in nachgeschriebnen articuln klärlich beschrieben steht.

II.

¶ Zum andern soll ein jeder kriegsman sich Gottloser wort vnd wercken enthalten/vnd den sieg wider den feindt/von oben herab/von hertzen bitten/ vnd so offt zu dem Gottesdienst oder der predig des wort Gottes vmbgeschlagen wurdt/ sich zu der predig verfügen/vnd dieselbig one ehaffte vrsachen keines wegs versaumen: Würt sich aber einer oder mehr mit Gotslesterigen wortten oder wercken vergreiffen/vnd erzaigen/der oder dieselbigen sollen an leib vnd leben gestrafft werden/ nach erkandtnuß des obersten oder rechtens/ Wer auch zu zeitten der predig vnd Gottesdiensts ir den weinkellern/vnd gelächern/oder sonsten an leichtfertigen örttern betretten wurdt/den soll der profoß macht haben in die eysen zuschlagen / vnd nach erkandtnuß deß obersten straffen / Es soll auch vnder werendem Gottesdienst vnd predig kein wein/ bier/ oder dergleichen/durch die marcatanten auffgezapfft/ vnd verkaufft werden.

III.

¶ Es sollen auch alle knecht/so spies vñ kurtze wehren tragen/mit gutten starcken seitten wehren/nemlich

X iij   bayden

bayden händen/ oder gutten rappiren gefaſt vnd auff
der muſterung darmit zuerſcheinen ſchüldig ſeyn/ Die
ſchützen aber ſollen mit gutten ſtarcken rappiren ver=
ſehen ſeyn: Item es ſol ein jeder knecht ſein rüſtung/
ſeitten oder ander wehr/ nicht verändern/ ſondern in
gutter achtung haben/ vnd mit holtzhauwen oder der=
gleichen nicht verderben/ damit ſie ſich als kriegßleuth
derſelben gegen dem feindt nothtürfftiglich gerbau=
chen kündten/ vnd wo eiger anders befunden würdt/
der ſoll darumb geſtrafft/ vnd jme ſonderlich ſeine be=
ſoldung an der muſterung darumb geringert werden.

IIII.

¶ Item es ſoll auch ſonſten ein jeder ſein ober=
wehr/ vnd ſonderlich die ſchützen jre hagken vnd zu=
gehör/in gutter gewarſamb vnd beraitſchafft halten/
vnd ſich ohn kraut vnd loth/ auch anderer nothturfft
nicht finden laſſen: Da aber einer anders auff zügen vñ
wacht befunden/ der geſtalt/ daß er ſich ſeines hagkens
vnd wehr gegen dem feindt nicht gebrauchen köndte/
der ſoll darumb am leib geſtrafft werden.

V.

¶ Es ſoll auch ein jeder mit ſeinem oberrock oder
mantel beklaidet/ vnd gefaſt ſeyn/ damit er ſich vor dem
regen vnd kälte deſto baß erhalten/ vnd ſonderlich die
ſchützen jre hagken vnd fläſchen decken/ vnd deſto peſ=
ſer jederzeit gepzauchen mögen.

Item

VI.

❡ Item es soll auch ein jedes fenlein knecht/ sampt oder sonderlich/ oder auch rottenweiß/wie es sich begebe/oder die nothturfft erfordert/sich gebrau= chen vnd schicken lassen/ es sey auffzügen/wacht/oder besatzungen/nach verordnung vnd nothturfft vnser/ vnd vnser obersten.

VII.

❡ Vnd ob sich begebe/ daß ein hauptman/ oder ander befelchsman/mit eines andern hauptmans fen= derichen/wäbeln vnd knechten/etwas zuthun schüffe/ daß die notturfft erhiesche/was kriegßleuthen zuthun möglich ist/ darinnen soll jhnen gehorsambt werden/ gleich ob soliches der recht hauptman geschafft hette.

VIII.

❡ Item die kindtbetterin/ schwanger frauwen/ jungfrauwen/alte leuth/priester/prediger/vñ kirchen= diener/die sollen die knecht beschützen/ beschirmen/vnd bey leibs straff in keinen weg belaidigen.

IX.

❡ Item sie sollen auch der kirchen/kloster/clausen/ spittalen/

Reutterbestallung zu Speyer

spittalen vnd schulen verschonen / dieselbigen nicht be=
schädigen / noch belaidigen / in keinen weg / bey leibs
straff.

X.

¶ Ferner sollen sie dreissig tag vor ein monat zu=
dienen schuldig seyn / wie dann der gebrauch ist / vnnd
sol einem jeden auff ein monat sold vier gulden zu fünff
zehen patzen / oder sechtzig kreutzer geben / vnd bezalt
werden. Doch da sich das gelt vertzüg / vnd nicht gleich
da wäre / so sollen sie gedult tragen / vnd nichts desto
weniger jre wacht versehen / vnd keinen zug gegen dem
feindt abschlagen / wie dann kriegsleuthen gebürt.

XI.

¶ Item wo einer oder mehr / nachdem er geldt
empfieng / wider darüber entlieff / oder hernacher one
erlaubnuß / vnd one paßport vom hauffen vor beurlau
bung desselbigen hinweg zöge / Wo oder wann dersel=
bigen einer oder mehr / in solchem betretten würden /
dieselbigen sollen an leib vnd leben on vrthail vñ recht
gestrafft werden / vnd jederman gut preiß seyn / oder
da er nicht betretten würdt / so soll er doch offendtlich
zu einem schelmen gemacht werden / vnd keine freyhait /
sicherhait / noch glaidt nirgendt haben.

Auch

XII.

¶ Auch soll kein knecht im zug/auß der ordnung gehn/ohne mercklichte vrsachen: Wo aber einer oder mehr/in solichem vngehorsam wären/sollen die haupt leuth/feldtwäbel/vnd gemeine knecht/den oder dieselbigen wer die seyen/so nicht in der ordnung pleiben wöllen/mit gewalt in die ordnung treiben/vnd welicher sich darüber zu wehr stelte/vnd vngehorsamb erschien/vnd darüber entleibt würt/soll daran niemand gefräuelt haben.

XIII.

¶ Wa auch einer oder mehr auffzüge vnd wachten/durch ein andern befelchsman auß pillichen vrsachen/vñ darumb/daß er anders thet den jme als einem kriegsman gepürt / gestrafft würdt/vnd er sich gegen jme rottiren / oder zur wehr stellen/oder mit schmehlichen worrten eynlassen würdt/der soll darumb nach erkandtnuß des obersten / vnd des rechtens gestrafft werden.

XIIII.

¶ Ob sie dann durch die obersten / haupt/ oder befelchsleuth/fenlins/oder rottenweiß/ in ein besa-
Z   zung

Reutterbestallung zu Speyer

tzung geschickt würden/es wäre in stätten/schlössern/
märckten/oder flecken/wie es sich zutrüge/so sollen sie
sich gutwillig darzu gebrauchen lassen/ vnd jr leib vnd
leben/biß auffs eusserst/treulich/vnd tapffer/zuerhal=
tung derselben zu setzen/ auch von keiner vbergebung
nicht reden/ noch rathschlagen/ bey jhren ehren vnd
pflichten.

XV.

Sie sollen auch alßdann schuldig sein/ sich in
feindts geferden vnd nöthen auff begeren des haupt=
mans/ oder obersten gutwillig zu der arbeit vnd den
päwen gebrauchen zulassen/ bey jren aygen one alle wi
derred.

XVI.

Item da sie in solicher besatzung durch die
feindt ersucht würden/es wäre durch einen oder mehr
stürme/sollen sie sich darnach einen weg als den ándern
mit jhrer ordinari besoldung settigen lassen/ vnd wir
oder das Reich jnen derwegen weitters nicht schuldig
seyn/Vnd ob schlösser/ stätt/ vnd andere besatzungen
mit thedigung auffgenomen würde/so sol jr keiner da=
rin fallen/oder plündern/ noch sich darin dringen/ es
beschehe dann auß erlaubnuß oder verordnung des
obersten.

Item

XVII.

¶ Item sie sollen auch die gesicherten vnd gehuldigten/bey der sicherung vnd huldigung pleiben lassen/ vnd nichts weitters gegen jnen fürnemen vnd handlen/one wissen vnd erlaubnuß des obersten/ oder wer von seinem wegen befelch hat/alles bey leibß straff.

XVIII.

¶ Item wo salua guardia angeschlagen würden/ da soll keiner nichts nemen/ plündern/ oder beschädigen/bey leibß straff.

XIX.

¶ Item da sichs begebe/ daß durch vns/oder vnsern verordenten obersten leutenant ein feltschlacht beschehe/ oder ein stattliche hauptfeste mit gewaltigen sturmb/durch Gottes hülff erobert würdt/ so soll alß dann einem jeglichen knecht/ wie sich der monat jhres diensts begriff/auß vnd angehen/ Aber weitter sollen wir oder das Reich nicht schuldig seyn/ Vnd da das gelbt nicht gleich vorhanden/vnd den feinden abbruch geschehen möcht/ so sollen sie sich auff jres obersten befelch nach der that/ nachzutrucken nicht widern/vnd keinen zug den feinden zu abbruch abschlagen/vnnd da

Z ij   sich

Reutterbestallung zu Speyer

sich einer oder mehr widerten/die sollen als mainaydig
gehalten/vnd an leib vnd leben gestrafft werden/doch
soll hierdurch vns an vnsern sondern wolherpzachten
pzäuchen/ vnd vergleichungen in vnsern königreichen
vnd erblanden/nichts geändert/noch in etwan preiu-
dicirt/sondern es dabey durchauß gelassen seyn.

XX.

¶ Item es soll sich in schlachten oder stürmen/
vnd in derselben eroberung niemandt auff plünderung
begeben/ oder vmb das gut annemen/es sey dann die
walstat vnd plätz zuuor erobert/sondern in guter ordnung pleiben/bey vermeydung leibß straff.

XXI.

¶ Es soll auch keiner auß dem läger auff beut/
oder anders wohin ziehen/ one wissen vnd willen seines hauptmans/ noch vber nacht von seinem fenlein
pleiben/ bey leibß straff/ vnd weiter erkandtnuß des
obersten.

XXII.

¶ Ob einer oder mehr wären/die flucht im feldt
oder sonsten machte/so sol der nechst in den oder dieselbigen stechen vn schlagen/ Vnd ob einer/der also flucht
machen wolt/darüber zu todt geschlagen wůrd/so sol
sich

sich niemand an jme verwürckt/ sondern grossen danck
damit verdient haben.

XXIII.

So aber einer entlieff/ so soll derselbig den
hauptleuthen angezaigt/ vnd alß dann da er erwüscht/
an seinem leib vnd leben gestrafft werden/ oder da er
nicht betretten/ zu einem offendtlichen schelmen ge=
macht werden.

XXIIII.

Es soll auch bey jren ayden von jhnen kein ge=
mein one wissen vnd willen des obersten/ gehalten wer=
den: Welche aber solichs vbertretten würden/ diesel=
bigen sollen alle mainaydig gehalten/ vnd an leib vnd
leben gestrafft werden/ on alle gnad.

XXV.

Item es soll auch keiner mit den feinden oder
jren trummenschlägern/ oder trommetern/ es sey im lä=
ger/ zügen/ oder besatzungen/ sprach haben/ auch kein
brieff in des feindts läger schreiben/ oder pottschafft
thun/ vnd von der feinden auch keine empfahen/ ohne
befelch vnd erlaubnuß deß obersten/ bey leibß straff.

Z iij   Item

Reutterbestallung zu Speyer

XXVI.

¶ Item es soll niemandt von den feinden oder jhren zugehörigen/ es sey mans oder weibs personen/ jung oder alt/ durch die wacht es sey auß/ oder in das lägergelassen werden/ sondern wer derselben innen würdt/ sol sie auffzufangen/ vnd für sein obersten/ oder den feldtobersten zupringen schüldig seyn.

XXVII.

¶ Item wo einer oder mehr ainige verrätherey oder andere böse stück/ so von einem oder mehr dem kriegßherrn/ oder gemeinem hauffen zu nachtheil getrieben würden/ erfüre vnd innen würdt/ der soll die mißhändler zu stundt der oberkeit/ vnd dem prouosen bey seinem aydt vnd pflichten anzuzaygen schüldig seyn/ vnd da er soliches nicht thet/ alß ein maineydiger/ vnd alß der thäter selbst darumb gestrafft werden.

XXVIII.

¶ Item da einer oder mehr nachtheil an den freunden/ vnd vorthail an den feinden ersehen/ vnd wissen würdt/ der soll soliches seinem hauptman/ oder obersten anzaygen/ vnd darumb grossen danck verdient haben.

Item

XXIX.

¶ Item es soll ein jeder bey leibsstraff sich gegen dem andern muthwilligen palgens enthalten/vnd sich aller freundtschafft/ friedens vnd ainigkeit befleissen.

XXX.

¶ Item es soll auch keiner gegen dem andern mördtliche wehr/ als büchssen/ oder sonsten lange wehr/im palgen prauchen/bey seinem aidt/aber die seitten wehr sollen einem jeden zu seiner leibs beschützung zu hawen vnd zu stechen frey stehn.

XXXI.

¶ Item ob einer alten haß vnd neidt zum andern hett/soll er denselbigen in diesem löblichen kriegszug in alleweg ruhen lassen/ vnd nicht rechnen/ mit wortten oder wercken/es sey dañ mit recht: Wo aber einer oder mehr dasselbig vbertretten/vnd nicht halten würden/ der oder dieselbigen sollen darumb für recht gestellt/ vnd nach erkandtnuß an jren ehren/ leib vnd leben gestrafft werden.

XXXII.

¶ Es soll sich auch niemandt gegen dem andern rottir

Reutterbestallung zu Speyer

rottiren / vnd wo sich aber zwischen etlichen palgen /
vnd vnfried zutrüg / so sollen die nechsten darbey treulich / vnd vnpartheysch friedt nemen / zum ersten / zum
andern / zum drittenmahl / welcher dann nicht friedt-
halten wolte / wer jnen alßdann zu todt schlägt / der
soll jnen damit gepüst haben / vnd welcher einen vber
den frieden / oder ligendt / oder wehrloß schlegt / der sol
darumb für recht gestelt / vnd nach erkandtnuß an leib
vnd leben gestrafft werden.

XXXIII.

¶ Item ob einer oder mehr sein wehr / es wäre
vor oder nach dem frieden / nach einem schüsse / oder
würffe derselbig soll an seinem leib gestrafft werden.

XXXIIII.

¶ Wo auch zwen oder mehr vnainig würden /
vnd sich mit einander schlügen / so soll sich kein thail gegen dem andern rotten / oder partheyen / vnd sich des
andern annemen / sondern schaidens halben da seyn /
damit grosser vnrath vnd vnwillen verhüttet werd /
welche aber sich in solichem vngehorsam hielten / dieselbigen sollen gestrafft werden nach erkandtnuß des
obersten.

Es

XXXV.

¶ Es soll keiner in gefehrlichen örten/sonderlich die weil die wacht besetzt/vnnd bey der nacht abschiessen/es sey im läger/ stätten / oder schlössern/dardurch schaden entstehen möcht/ bey leibßstraff.

XXXVI.

¶ Ob auch einer oder mehr auff die wacht beschaiden wäre/ vnd nicht käme/ der soll gestrafft werden/ nach des obersten erkandtnuß : Da er aber auß leibß schwachheit darauff nicht erscheinen köndt/ so soll er durch seinen rottgesellen solches dem hauptman anzaigen/vnd erlaubnuß begeren.

XXXVII.

¶ Ob dann einer auff der wacht wäre/ vnd darab ohne erlaubnuß gienge/der solle one alle gnadt gestrafft werden/Es sollen auch die rottgesellen solches bey jrem aydt anzuzaigen schuldig seyn.

XXXVIII.

¶ Es sol auch keiner einiche wächter an sein stat stellen/one seines hauptmans wissen vnd willen: Es soll auch ein jeder auff die losung/so jme jederzeit geben

A a   wirdt/

wirdt/gut achtung haben: Dann welcher der losung
vergessen/ oder mit einer vnrechter losung befunden
wirdt/der soll für recht gestelt/vnd nach erkandtnuß/
an ehr/leib vnd leben gestrafft werden.

XXXIX.

¶ Item da einer auff der schiltwacht schlaffend
befunden wůrdt/oder sonsten ehe er abgelöset dauon
gieng/der soll an leib vnd leben on alle genad gestrafft
werden.

XL.

¶ Item es soll auch kainer mit dem andern nach
besetzter wacht/ weder auff der gassen/ noch im losa=
ment palgen/dergleichen auff den tag wachten/ vnd in
der ordnung bey straff leibs vnd lebens.

XLI.

¶ Es soll auch keiner in der freundt landt/ vnd
auff vnsern vnd des Reichs boden auff dem zug/ oder
in den lägern/niemandt etwas mit gewalt/vnd vnbe=
zalt nemen/noch auff die armen leuth anflauffen/ vnd
plündern/sondern ein jeder seinen wirt/dabey er jeder
zeit in stätten oder flecken ligen wird/gepürlichet weiß
zu frieden stellen.

Wer

XLII.

¶ Wer soliches nicht thut/vnd klag käme/der sol durch seinen hauptman vnd obersten zu der erstattung angehalten/vnd noch darzu an leib vnd leben nacher landtnuß gestrafft werden.

XLIII.

¶ Vnd da mehr dann ein nation in dieser kriegsversamblung seyn sollen/ soll keine mit derselben auffruhr machen/vnwillen anfahen/noch sich gegen jhnen rottiren/auch nicht mit jnen spielen/damit grosser vnwill verhüttet werdt/bey leibs straff/sondern da einiche jrrung oder mangel gegen jhnen vorfiel/ so sollen sie solches jhrer oberkait anzaigen/ die soll sie bey fug vnd recht handthaben: Vnd wañ dem feldtläger proniant zugefürt wúrdt/soll ein jeder die marcatanten vnuergwaltigt/vnd vnbelaidigt lassen/auch weder vor oder nach dem die proniandt in das läger kommet/ darüber fallen/oder greiffen/es sey dann zuorn geschäzt.

XLIIII.

¶ Es sol auch keiner für das läger hinauß lauffen/proniand vorzukauffen/sondern soll das auff frey ein plaz in das läger füren/ vnd pringen lassen/ vnd warrten/biß es geschäzt werdt/ bey leibs straff.

Aa ij Vnd

Reutterbestallung zu Speyer
XLV.

⁋ Vnd wo der profoß oder seine knecht einen oder mehr/die vngehorsamb wären/annemen wolten/ soll sie niemandt daran hindern/ oder sich wider sie rotten/ oder auch derselben annemen/ sondern sie dabey handthaben/ vnd ob einer oder mehr dem profosen/oder seinen knechten/ ainigen gefangnen jrren/ verhindern/ oder der mißhandler dardurch hinweg komen würdt/ der soll in allermassen wie der thätter selbst gestrafft werden.

XLVI.

⁋ Item wo einer oder mehr in einer offentlicher schändtlicher that/ als mordt/ diebstal/verätherey/ oder dergleichen betretten würd/vnd der profoß oder seine diener nicht gleich an der handt wären/ so sollen die nechsten/so darbey/ denselben zu handthabung regiments/ biß auff des profosen oder der seinen ahnkunfft/auffzuhalten schüldig seyn.

XLVII.

⁋ Es soll sich auch keiner vnder zwen haupetleut schreiben/oder zweymal mustern lassen/vnd keiner auff des andern namen durchgehen/ auch keiner dem andern mit vnwarheit versprechen/oder dem andern sein harnisch vnd wehr leihen/sich damit mustern zu lassen/ Welcher das vbertrit/ der soll an leib vnd leben gestrafft werden.

Item

XLVIII.

¶ Item es fol fich in der mufterung ein jeder bey feinem rechten tauff vnd zunamen/ auch die ftatt/ darin oder dabey er am nechften geboren ift/ nennen/ vnd ein fchreiben laffen.

XLIX.

¶ Es foll auch keiner vorthail oder betrug ge= brauchen / noch jemanden darzu helffen rathen/ oder fürdern/ damit wir / vnd das hailig Reich mit vnpilli= chen vnzuleffigen földen befchwerdt / vnd bettrogen werden/ wie das befchehen kan oder mag/ in keinerley weiß/ bey jedes aidt vnd pflichten.

L.

¶ Es follen auch auff der mufterung die haupt vnd befelchsleuth/ deßgleichen die vom adel alle jre rd= ftungen anzuziehen / vnd bey fich zuhaben fchüldig feyn.

LI.

¶ Wo raifige vnd fußknecht bey einander in ei= nem lager ligen wdrden/ fo follen die knecht zimblicher maffen weichen/ damit die raifigen jre pferd vnderbrin gen mögen/ vnd fich mit einander leyden.

Aa iij Es

Reutter bestallung zu Speyer

LII.

¶ Es soll sich auch ein jeder/wie er von den Quartier maistern losiert würdt/ desselben orths benügen lassen/vnd sich darinnen friedlich vñ gütlich betragen.

LIII.

¶ Item es soll auch kainer kein pflug berauben/ noch mülen/backofen/ vnd was zu gemeiner notturfft dienlich/es sey bey freunden oder feinden/ one erlaubnuß beschädigen/vnd zerprechen/noch kein wein/korn/ oder meel mutwilliger weiß außlauffen lassen/verderben/vnd zu schaden pringen/bey leibs straff.

LIIII.

¶ Item es soll keiner alte erlebte leuth/oder prediger/ auch weibs bilder/ die auff keiner wehr befunden werden/deßgleichen keine vnmündige kinder/ zu todt schlagen/ bey straff leibs vnd lebens.

LV.

¶ Es solle auch keiner one sondern befelch des obersten prandtschätzen oder prennen/ oder die läger anzünden/bey leibs straff: Vnd sonderlich sol man das nicht thun/wo das volck für oder durch zeugt / damit die proviandt nicht verhindert werdt.

Es

LVI.

Es soll sich auch ein jeder des zutrinckens vnd trunckenheit mässigen/ vnd keiner den andern zu trincken nöttigen: Wo einer in der vollen weiß jemand vergwaltiget/vnd schlüge/oder sonsten etwas vngebürlichs verhandlete/derselbig sol nicht allein eben so wol ernstlich/als ob er nüchtern gewesen wäre/ sondern härtter vnd doppel darumb gestrafft werden.

LVII.

Item es soll sich sonderlich ein jeder des voltrinckens mässigen/wann er wachen soll/vnd wann einer auff der wacht truncken oder vol begriffen würd/ also daß er sein wacht nicht nothtürfftiglich versehen kan/der sol alßpald mit den eysen/vnd sonsten nach erkandtnuß des obersten gestrafft werden.

LVIII.

Item wo auch sonsten einer auff der strassen oder zügen/ dermassen truncken oder voll betretten würdt/daß er sich weder seiner vernunfft/noch seiner sinn/vnd sonderlich nottürfftigs gehens vnd stehens/ nicht gebrauchen kan/denselbigen soll der profoß/oder seine diener/wo er jhnen betrit/ gefäncklich eynziehen/ vnd in die eysen schlagen.

Es

Reutterbestallung zu Speyer
.LIX.

¶ Es soll auch keiner kein lärmen/one des haupt=
mans vorwissen vnd befelch/es sey dan noth/ machen/
bey leibs straff.

LX.

¶ Vnd ob ein lärmen wurdt/soll ein jeder auff
den platz/dahin er verordnet ist/lauffen/ vnd keiner on
merckliche leibs noth in den losamenten pleyben/bey
verlierung des leibs.

LXI.

¶ Item welcher vollerey halben/ feindts noth/
oder lärmen versaumet oder verschlafft/der sol darum
an seinem leib gestrafft werden.

LXII.

¶ Item was ein jeder in schlachten stürmen/oder
sonsten den feinden angewinnet/ soll einem jeden nach
kriegsrecht vnd ordnung pleiben/ aber mit dem ge=
schütz/puluer/munition, vorrath der prouiandt / vnd
anderm/was zu erhaltung des fleckens gehört/ auch
mit den gefangnen / was deren von kriegsherzen/
Fürsten/

Fürsten/oder feldobersten wären/sollen vns oder vn‑
serm feldtobersten/ oder befelchshaber/ den sie auch
vberantwort sollen werden/ zuhandtlen haben/doch
soll den jenigen/so sie gefangen/ pilliche ergetzung vnd
verehrung dargegen beschehen: Es soll auch niemand
einigen gefangnen von sich kommen lassen/one zugeben
des obersten/bey leibs straff.

LXIII.

¶ Wann einer von dem feindt oder sonsten ehr‑
licher weiß beschädigt/oder von Gottes gewalt kranck
würdt/soll sein leibs besoldung dannoch jren fortgang
haben.

LXIIII.

¶ Vnd wo viech oder ander proviand den fein‑
den abgenommen würdt/der oder dieselben gewinner
sollen das viech nicht auf dem läger führen/sondern in
dem läger vmb ein zimblichen pfenning verkauffen/
nach erkandnuß eines jeden profosen/oder seines ober‑
sten hauptmans/ den gemeinen knechten zu nutz vnd
guttem.

LXV.

¶ Item es sol keiner dem andern sein gewunnen
beut mit gewalt abdringen/oder nemen/vnd die vber‑
tretter sollen darumb nach erkantnuß des obersten ge‑
strafft werden.

LXVI.

¶ Item es soll auch ein jeder die nachrichter bey
Bb   freyheit

Reutterbestallung zu Speyer

freiheyt gemeines rechten pleiben laffen/ welcher das
nicht thut/ soll an leib vnd leben geftrafft werden.

LXVII.

¶ Es foll fich keiner im droß zuziehen oder zu-
gehen anmaffen/ er fey dann mit leibs fchwacheit bela-
den/ vnd hab von feinem hauptman erlaubnuß.

LXVIII.

¶ Item es fol ein jeder fein droß oder anhang/
was gemeine vnerbare Weiber fein/ auff genommen die
rechte eheweiber/ auff des oberften vnd feines hauptmans beuelch zuzeit der erften mufterung/ oder herna-
cher/ wenn es jme gebotten wirdt/ bey feinen ehren vnd
aydt/ von jme zuthun fchüldig fein.

LXIX.

¶ Item es fol kein Hauptman dem andern feine
beftelte knecht/ fo von jhrem fenlein ftellen/ one des andern wiffen vnd willen annemen/ auch kein reyfigen
knecht/ der in dem zug von feinem herrn käme/ von keinen hauptman zu fuß angenommen werden/ noch keiner dem andern fonften fein gefindt abfpannen.

LXX.

¶ Es foll auch keiner dem andern auff dem fpil
auff fchlagen/ noch weitter dann er bar gelt hat fpilen/
Wo aber einer dem andern viel oder wenig auff borg
abgewünne/ foll jme der ander nichts darumb zuzalen
fchüldig fein.

Item

LXXI.

❡ Item wo einer oder mehr wären/ die vorge=
schriebene articul nicht hielten/ so soll der oder dieselbi=
gen als aydtprüchig/ vnd peinlich gestrafft werden/
nach des rechten/oder des obersten erkantnuß/Vnd ob
etwas in den vorgemelten articuln vergessen/ vnd nit
gemeldt wäre/daß den kriegsleuthen zuhalten zuste=
het/so sollen doch alle mißhandlungen zu des obersten
erkandtnuß gestelt seyn/vnd gestrafft werden.

LXXII.

❡ Vnd sollen alle die knecht/so vber kurtz oder lang
bey diesem regiment in vnserm vnd des Reichs dienst
begriffen werden/sich einschreiben lassen/ vnd gelt ne=
men/ob sie wol bey diesem aydt nicht seyn/ eben so wol
zu solicher aidtspflicht / vnd volnziehung aller obge=
schriebener articul verpunden vnd verpflicht sein/ als
wann sie persönlich bey diesem schweren gewesen
wären.

LXXIII.

❡ Item wo einer oder mehr der vorgeschribenen
articul in vergäß käme/ dieselbigen sollen sich jederzeit
zu dem Schultheissen mögen verfügen/ der soll jhnen
denselbigen wider fürzulesen/vnd bericht douon zuge=
ben schuldig seyn.

Bb ij   Sie

Reutterbestallung zu Speyer

¶ Sie sollen auch schwehren auff die drey mo=
nat/ vnd da man jhrer weitter bedarff / sollen sie auff
diesen articuls brieff/ vnd bestallung/ so lang man jrer
bedarff/ bestelt/ vnd angenommen/ auch ohne waige=
rung vnd einredt darauff zu dienen schüldig sein/ alles
mit vrkundt diß brieffs.

Verzeichnuß etlicher sondern puncten
obgeschribener bestallung vnd ar=
ticulen anhengig.

I.

¶ Nachdem auch den Teutschen obersten/ Rit=
meistern vñ hauptleuthen/ vermög der Teutschen her=
prachten libertet vnd freiheyt/ jedoch nach inhalt vori=
ger vnd jetziger Reichs constitutionen frembtem poten
taten teutsch kriegßvolck zuzufüren/ zugelassen vñ frey
ist/ vnd aber jetziger zeit/ andere so nicht geborne Teut=
schen sein/ sich dessen auch vnderstehn/ vnd gebrauchen
wöllen/ darauß allerhant verkleinerung vnd nachtheil
der Teutschen nation entlich erfolgen mag/ So sol hin=
fürter keiner person frembder nation, die im Reich oder
dessen schutz vnd schirms angehörigen landen nicht ge=
sessen/ verstattet werden/ Teutsch kriegßvolck zu Roß
oder fuß/ alß ein oberster/ Rittmeister/ oder hauptman
anzunemē/ oder vnder sich zubestellē/ vñ zufüren/ Vnd
da solches von einer oder mehr frembder nation oberstē/
oder befelchshaber im reich fürgenommen wird/ sol das=
selb alßbald durch die kreyß oberstē/ auch wo es von nö=
tē durch vns selbst abgeschafft vñ geweret werdē: Es
sollē auch die jenigē/ so sich also wid solche vnser vñ des
reichs verordnßig/ vnder frembden oberstē vñ befelchs
leuthen

leuthen/bestellen liessen/darumb von jrer oberkeit/dar
runter sie gesessen/auff anklag oder ampts halben/ge=
rechtfertiget/vnd gestrafft/auch ferner vnter keinem
Teutschen regiment geduldet vnd gelitten werden.

II.

¶ Zum andern soll das Teutsch kriegsvolck/
vnd alle die jenigen/so von frembden potentaten in be=
stallung vnd pension/oder jar vnd dienstgelt angenom
men werden/in jren bestallungen vnd pension brieffen
außtrücklich vorbehalten/daß sie sich wider das Hey=
lig Reich Teutscher Nation/ vnd das geliebte Vatter=
landt/oder eynigen Standt dessen/ weder offensiue
noch defensiue nicht geprauchen lassen/ sondern vor al=
len andern desselben wolfahrt vnd besten schaffen/vnd
befürdern/vnd in keinerley weg/ wie es auch von den
frembden Potentaten möge fürgenommen werden/
demselbigen zuwider dienen noch bestellen lassen.

III.

¶ Zum dritten/ daß das Teutsch kriegsvolck/
vnd alle desselben obersten vnd befelchhaber/ bey frem
den potentaten/ vnd in jren kriegs diensten/ sich vnser
vnd deß Reichs jetzt ernendten/vnd auffgerichten be=
stallung vnd Reutter rechten/ auch articuls brieffen/
souiel das kriegs regiment vnd ordnung belangt/ ge=
mäß zuuerhalten schüldig vnd pflichtig seyn sollen.

Bb   iij   Zum

Reutterbestallung zu Speyer

IIII.

Zum vierdten/ da ein oberster/ Rittmeyster/
hauptman oder ander befelchßman zu roß oder fuß/ vñ
in gemein alle kriegßleuth / bey frembden potentaten/
vnd jren kriegßdiensten vnser vnd des heiligen Reichs
jetziger bestallung/ reutter rechten/ vnd articuls brief=
fen/ so viel das kriegß regiment vnd ordnung betrifft/
zu wider thun/ oder in andere weg sich jrer ehren ver=
gessen/ vnd sonderlich die befelchßleuth gegen jrem vn=
dergebenen kriegß volck/ durch feinds verfortheilung/
practicierung/ vnd handtierung mit proniandt/ durch
kleydung/ oder den bewerten rüstungen vñ wehr auff=
zutringen/ oder in andere wege/ an jrer besoldung vnd
verwarlosüng gegen dem feindt vntrewlich/ vnerbar=
lich/ vnd vbel handlen würden/ ob sie gleich an demsel=
bigen orth vngestrafft entkommen / so sollen sie doch
nicht desto weniger vor jhrer ordenlicher oberkeyt/ da
soliches von jhnen kundtbar/ vnd wissent würdt/ von
ampts wegen/ oder auff jemandts anklag gerechtfer=
tigt/ fürgestelt/ vnd gestrafft werden/ vnd im fall des
orts mangel vorfiel/ die sach vnd verwürckung notori
vnd straffbar were/ sollen wir derhalben alß die höch=
ste oberkeit/ von ampts wegen/ oder da die klag sonsten
an vns gelangt/ eynsehens haben/ vnd vermög vnser
vnd des heyligen Reichs bestallung/ oder reutter rech=
tens/ oder articuls brieff/ gegen den verwürcker zu
gebürlicher straff procedieren/ vnd vortfaren.

V.

Zum fünfften/ demnach auch die notturfft er=
fordert/ allerhandt verkleynerung/ vnd nachhetyl zu=
verhüten/

verhüthen/ gute verordnung zuthun/ daß die fenlein
mit wolgeubten erfahrnen knechten/ vnd tauglichen
rüstungen vnd wehren/ sonderlich aber mit guten schü
tzen/daran jetziger zeit mercklich hoch vnd viel gelegen
fürnemblich die weil frembde nationen sich darinn viel
vben/wol bestelt/oder versehen werden/so ist verord-
net/daß vnder jedem fenlein vierhundert personen/vñ
denselbigen ein hundert wolgerüster knecht mit langē
spiessen / vnd ein jeder derselbigen ein kurtz fewer rohr
bey sich haben/vnd erhalten werden sollen/ vnder we-
lichen hundert gerüster knecht/der halb theyl/ nemlich
so vber acht gülden besoldung haben / volle rüstungen
mit gantzen armschienen oder pantzer ermlen tragen
sollen / Mehr fünfftzig mit schlachtschwerttern/ oder
andern tauglichen kurtzen wehren/alß hellepartē/ von
den eltisten vnd erfahrnen kriegßleuthen/ die auch jhre
gute rüstung haben/ vnd zu bedeckung des fenleins/
vnd wo es sonsten von nöhten/gebraucht werden/ der
jeder soll neben seinem kurtzen wehr ein kurtzfewer-
schlagende püchß am gürttel bey sich haben vnnd tra-
gen/ Die vberentzige fünfftzig Personen aber / sollen
mit plossen knechten/ vnd langen spiessen besetzt/ vnd
vnderhalten werden/ welchs alles also in die bestallungen vnd bewerbungen der obersten vnd hauptleuthen forthin eyngebunden werden soll.

VI.

¶ Die vberigen zwey hundert knecht sollē hàgketē-
schutzen seyn/ aber mit guten sturmhütten/ rappie-
ren/ dergleichen mit guten birschrohren/ fewer oder

Bb   iiij   schwamb-

schwambschlossen staffiert sein / Sie sollen auch me=
natlich geübt / vnd jhnen an backen anzuschlagen vnd
abzuschiessen eingebunden werden / Welcher dann mit
seinem schiessen nit besteht / dem soll zur straff der hagk
nidergelegt / vnd ein plosser spieß geben werden / Hier=
gegen soll einer auß den gemeynen plossen knechten / so
taugliche vorhanden / an die statt genommen werden /
damit sie dardurch zum wolschiessen / vnd zur freydig=
keyt / auch sich einer vor dem andern sehen zulassen ge=
reytzt werdt.

VII.

¶ Vnd dieweil die frembden nationen anheben
sich auch der doppelhagken vnter den Schützen zuge=
prauchen / so sollen vnter jedem fenlein zehen schützen
mit doppelhagken auch vnderhalten werden.

VIII.

¶ Vnd sollen von gedachten schützen / die hun=
dert mit fünff gülden / fünfftzig mit sechs / viertzig mit
sieben / vnd acht gülden / vnd die vbrigen zehen / so dop=
pelhagken tragen / mit zehen gülden monatlich vnder=
halten / vnd die vortheyl nach eines jeden erfahrung /
tauglicheyt vnd verdienst mit sonderm fleiß / vnd ohn
gunst durch die Commissari außgetheylt / vnd derwe=
gen sondere erkündigung gehalten werden.

Es

IX.

¶ Es sollen auch vnder jedem fenlein knechten zum wenigsten acht oder zehen vom Adel/ oder andere versuchte erfahrne kriegßleuth / mit etwas mehrer besoldung vnderhalten werden/ die mit jren kleppern/ so sie selbst vnderhalten sollen/ gefaßt sein/ auff jren obersten oder Hauptman zu warten/ wo es von nöhten/ sonderlich aber zu führung der schützen / sich gebrauchen zulassen.

Gedruckt in der Churfürstlichen Stadt Meyntz/ durch Franciscum Behem.